帰

立

黑

松

林

墓

地

王学雲題

苏州地域文明丛书

主编

韩卫兵

副主编

陈瑞近

编委

（以姓氏笔画为序）

朱　威　孙明利　李　爽

陈　飞　顾文浩　程　义

谢晓婷　翟苏黎

虎丘黑松林墓地

苏州市考古研究所
苏州博物馆 ◆ 编著

文物出版社

图书在版编目（CIP）数据

虎丘黑松林墓地 / 苏州市考古研究所，苏州博物馆
编著 . –– 北京：文物出版社 , 2022.9
（苏州地域文明丛书 / 韩卫兵主编）
ISBN 978-7-5010-7785-4

Ⅰ . ①虎… Ⅱ . ①苏…②苏… Ⅲ . ①墓群－发掘报
告－苏州 Ⅳ . ① K878.85

中国版本图书馆 CIP 数据核字（2022）第 164113 号

虎丘黑松林墓地

编　　著：苏州市考古研究所　苏州博物馆

责任编辑：戴　茜
封面设计：程星涛
责任印制：王　芳

出版发行：文物出版社
地　　址：北京市东城区东直门内北小街 2 号楼
网　　址：http://www.wenwu.com
经　　销：新华书店
印　　刷：宝蕾元仁浩（天津）印刷有限公司
开　　本：889 mm×1194 mm　1/16
印　　张：9.25
版　　次：2022 年 9 月第 1 版
印　　次：2022 年 9 月第 1 次印刷
书　　号：ISBN 978-7-5010-7785-4
定　　价：240.00 元

虎丘黑松林墓地

总协调

程　义

统稿

孙明利

整理

姚晨辰　许　平

执笔

何文竞

绘图

张照根　刘彬彬　杜　超

摄影

丁金龙

拓片

丁金龙　王学雷

目　录

插图目录

彩版目录

第一章 概 述

第一节 发掘经过

虎丘黑松林位于江苏省苏州市姑苏区，虎丘路东，桐泾北路西，苏州建设交通高等职业技术学校（虎丘校区）北，即今留园派出所一带（图一）。黑松林系一座土墩，因土墩上松林繁茂，被当地人称为"黑松林"。1995年，苏州留园实

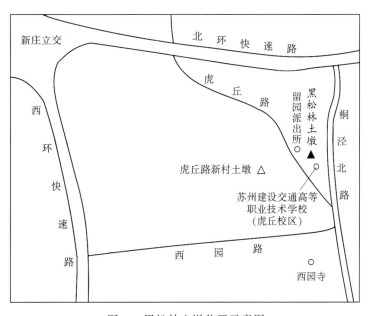

图一 黑松林土墩位置示意图

业总公司在该区域进行基本建设过程中，发现黑松林土墩内有古代墓葬，随即通报了苏州市文物管理委员会。6月17日，苏州博物馆考古部工作人员赶到现场了解情况，发现出露的墓葬已被封护，且不再施工，便没有进行考古发掘，并现场要求施工动土前需先通知苏州博物馆。

1997年4月24日，苏州博物馆被告知黑松林土墩发现古代墓葬。次日，苏州博物馆工作人员赶到现场，发现土墩西部一座明代夫妇合葬墓已被破坏，墩上的松树林也因病虫侵害在一年前被苏州绿化队全部砍伐，并就地烧光。由于土墩已不具备原址保护的条件，苏州博物馆工作人员随即对黑松林土墩进行了考古发掘。

发掘工作分两次进行。第一次为1997年5月10日至6月1日，为期23天，清理汉墓1座、六朝墓5座、宋墓1座、明墓1座，其中规模较大的两座六朝墓，由于人手原因，未完成全部发掘。第二次为1997年12月12~24日，为期13天，将第一次未完成发掘的两座六朝墓清理完毕，并揭露残墓1座。发掘结束后，苏州博物馆工作人员将出土器物全部运回苏州博物馆。

参加这次发掘工作的人员包括丁金龙、张照根、朱伟峰、王学雷、姜节余等。

第二节　资料整理

由于种种原因，黑松林墓地发掘报告一直未能整理发表，部分材料散见于《苏州考古》《苏州郊区志》《虎丘镇志》等地方文献资料之中。2009年3月，苏州博物馆考古部从苏州博物馆独立出来，成立了苏州市考古研究所。黑松林墓地的考古资料因此一分为二，出土器物收藏在苏州博物馆，相关档案资料则由苏州市考古研究所保存。鉴于黑松林墓地的重要性，亟须将这批考古资料尽快整理发表。2019年9月至2020年5月，苏州市考古研究所、苏州博物馆进

行了多次协商，并于 2019 年 9 月 28 日在苏州博物馆召开了黑松林墓地第一次研讨会，参加人员包括苏州博物馆程义、姚晨辰，中央美术学院郑岩，中国社会科学院考古研究所唐锦琼，苏州大学第二实验学校王学雷，苏州市考古研究所孙明利、张铁军、何文竞，苏州大学艺术学院陈谨、段雪妮、张鼎等。最终决定由苏州市考古研究所与苏州博物馆两家单位合作完成发掘报告，苏州市考古研究所主要负责墓葬资料的整理工作，苏州博物馆主要承担出土器物的拍摄、绘图等工作。

参与资料整理工作的人员包括苏州博物馆程义、姚晨辰、许平、刘彬彬、杜超等，以及苏州市考古研究所孙明利、何文竞等。

第二章　墓　葬

　　黑松林土墩平面近椭圆形，南北长约 60、东西宽约 52 米，未破坏前土墩残高约 5 米（彩版一）。发掘时，土墩上部已被机械削平，部分墓葬存在一定程度的破坏（彩版二、三），中心墓葬 97M4 墓顶距地表仅约 0.4 米。由于受到破坏，整座土墩范围内的墓葬开口均不明，清理完表层扰土后即发现墓葬，墓葬封土中曾发现人面纹瓦当。土墩范围内共发掘墓葬 9 座，其中汉墓 1 座（编号 97M5）、六朝墓 5 座（编号 97M3、97M4、97M6~97M8）、宋墓 1 座（编号 97M2）、明墓 1 座（编号 97M1），另有一座墓葬（编号 97M9）破坏较甚，年代不明（图二）[1]。部分墓葬存在墓门，推测原应有墓道，但在相关发掘资料中，记录文字、图纸等均未提及，故无法确定。

　　五座六朝墓中，97M4 位于土墩中心，坐北朝南，体量较大，占地面积约 83.5 平方米。97M3 位于 97M4 东侧，两墓相距约 3 米，规模仅次于 97M4。97M3 与 97M4 之间有 97M5，叠压于 97M4 之下，97M4 的修建将其基本破坏殆尽。97M6~97M8 均为单室砖室墓，有墓道或耳室，规模相近。97M6 砖室保存较为完整，97M7、97M8 破坏相对严重，仅大体保存平面结构。

---

〔1〕　97M1 及 97M9 均已被破坏殆尽，发掘时仅记录了简略的墓葬信息，两墓的具体位置不明，故此图未标。

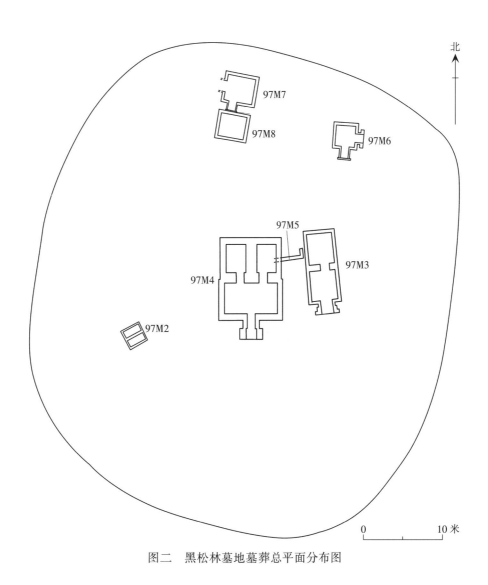

图二　黑松林墓地墓葬总平面分布图

第一节　汉墓（97M5）

（一）墓葬形制

97M5 为长方形竖穴土坑砖室墓，位于 97M3 与 97M4 之间（图三；彩版四：1）。

该墓破坏严重，墓室仅保存南壁 3 层砖及东壁南半段约 10 层砖，残长 2.5、宽 1.4

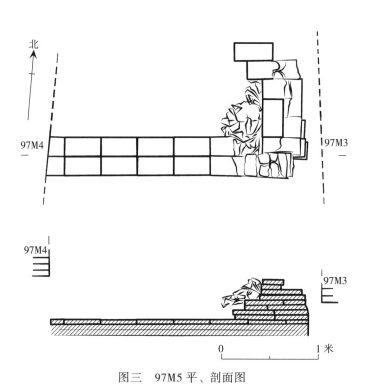

图三　97M5 平、剖面图

米，墓向已无法分辨。墓室内部填土为碎砖与泥土混合，残留零星红漆皮及锈土斑。墓底铺地砖亦被破坏。根据绘图资料，墓砖尺寸约长 38、宽 19、厚 5 厘米。

（二）出土器物

97M5 仅出土陶罐 1 件，位于墓室东南角，破碎严重。

陶罐　1 件（97M5：1）。泥质灰褐陶。口微侈，圆唇，溜肩，鼓腹，下腹曲内收，平底。肩部置对称的双系，系上有双手捏塑痕迹。素面无纹。器体可见明显的烟熏痕迹和轮制痕迹，整器变形较严重。口径 31.2、最大腹径 36.8、底径 23.3、高 25.8 厘米（图四；彩版四：2）。

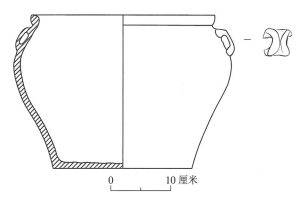

图四　97M5 出土陶罐（97M5：1）

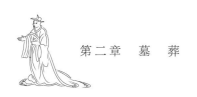

第二节　六朝墓（97M3、97M4、97M6～97M8）

一　97M3

（一）墓葬形制

97M3 位于土墩中部偏东，根据总平面图测算，墓门方向 173°。墓葬由墓门、甬道、前室、过道、后室组成，全长 9.6 米（图五；彩版五、六）。前室顶部东侧和南侧各有一盗洞，基本被淤土填满，淤土从前、后室之间的过道流入后室，使后室淤积有厚约 0.4 米的淤土。墓葬以长方形青砖砌成。墓底设有铺地砖，各室地面平齐。铺地砖分 3 层，最上层平铺，呈"人"字形排列；第二层为丁砖，横纵交替排列；最底层砖亦平铺。墓砖尺寸为长 38~39、宽 17.5~18、厚 5~5.5 厘米。

墓门　三层券顶。两侧以平砖砌至高约 1 米处开始起券，壁厚约 0.55 米。墓门内以砖封堵，封门砖自上而下为平砖 13 层、丁砖 1 层、平砖 6 层、丁砖 1 层，其下为铺地砖。墓门外宽 2.3、内宽 1.28、内高约 1.45 米。墓门外侧距墓底约 1 米高的封土中平铺 7 道碎砖，宽度基本与墓门外宽相同，性质不明（彩版七）。

甬道　位于墓门之后。平面呈长方形，双层券顶，长 1.2、内宽 1.28、内高约 1.45 米，两侧壁厚约 0.4 米。甬道内北端连接前室处，以砖封堵，自上而下为平砖 12 层、丁砖 1 层、平砖 4 层、丁砖 1 层、平砖 1 层，其下为铺地砖，与甬道平齐（彩版八：1）。

前室　位于甬道之后。平面近正方形，南北内长 3.66、东西内宽 3.2、内高 3 米（彩版八：2、3）。四壁墙体由长方形砖平砌而成，不见丁砖，壁厚 0.4 米。四角从距墓底约 1.2 米处逐渐叠涩内收，结成圆锥形穹隆顶。顶部盖有一块圭形石板，已

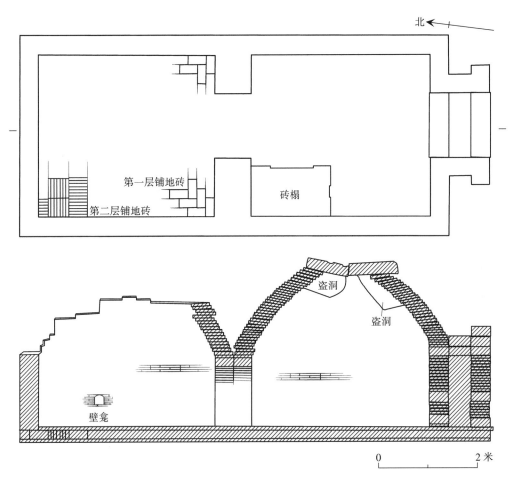

图五　97M3 平、剖面图

断成两截。石板总长 1.73、宽 1.12、厚 0.22 米，石板朝上的一面中部有一圆形凹窝，凹窝中部有一圆形纽状凸起，凹窝外径 0.45、纽状凸起直径约 0.2 米（彩版九：1）。石板朝下的一面中部亦有一凹窝，中部浅浮雕一伏兽，似狗（彩版九：2）。前室西北角砌有一砖榻，由 4 层砖平砌而成。榻面整体近长方形，南侧和东侧中间稍内凹，外侧三个边角处用逐层缩进的砖仿成榻足状，最上部一层砖外侧部分被破坏（彩版一〇：1、2）。前室底部近甬道处填土中发现大片漆皮痕迹（彩版一〇：3）。

过道　位于前室与后室之间。平面呈横长方形，券顶，长 0.75、宽 1.28、高约 1.2 米。

后室　保存状况不佳，发掘时顶部已全部下塌。平面近正方形，南北内长 3.6、东西内宽 3.2 米。四壁砌法与前室相同，壁厚 0.4 米。四角从距墓底约 1.2 米处逐渐叠涩内收，结成圆锥形穹隆顶，与前室基本相同。顶部原盖有一石板，已塌入墓室之中。石板近正方形，长 1.2、宽 1.12、厚 0.22 米，形制与前室盖顶石相近，即一面中部有一圆形凹窝，凹窝中部有一圆形纽状凸起，凹窝外径 0.44、纽状凸起直径约 0.12 米。石板有凹窝的一面在一侧边缘雕有对称的两个扇形凹槽（彩版一一：1）。后室东壁距墓底 0.45、距北壁约 1.1 米处有一壁龛，宽 0.2、高 0.2 米（彩版一一：2）。

（二）出土器物

97M3 出土青瓷器 4 件，包括盏、瓮各 1 件和洗 2 件，陶案 2 件；另见朱砂陶案残片 6 块、釉陶器盖、褐色硬陶器口沿及腹片、红陶器残片、印纹陶残片、鎏金铜片等，以及铜钱 40 余枚，可辨识的有五铢、剪轮五铢及货泉。此外，在墓室填土中还发现釉陶铺首纽鼎残片、灰陶绳纹筒瓦残片、印纹陶残片等。择器形较完好者介绍如下。

青瓷盏　1 件（97M3：1）。敛口，尖唇，扁弧腹，平底内凹，内底微凸。素面。内外施青釉，外壁施釉不及底。口径 8.1、腹径 8.9、底径 4.8、高 3.3 厘米（图六：1；彩版一二：1、2）。

青瓷洗　2 件。器形相近，大小不同。盘口，方唇，上腹近直，下腹弧收，平底微凹。口外附两系，系为绳索状。上腹部饰两周凹弦纹。内外施青釉，外壁施釉不及底。97M3：2，器形较小。口径 11.1、腹径 10、底径 7.2、高 5.2 厘米（图六：2；彩版一二：3）。97M3：3，器形较大。口径 15.3、腹径 14.8、底径 8.8、高 7.9 厘米（图六：3；彩版一二：4）。

青瓷瓮　1 件（97M3：4）。直口，方唇，短直颈，溜肩，上腹圆鼓，下腹斜内收，平底。口外饰两周凹弦纹，腹部满饰拍印方格填菱形纹。浅红色胎。外壁施青绿薄釉，釉不及底，有剥釉现象，内壁不施釉。口径25.8、最大腹径44.5、底径17.6、高37.8厘米（图六：4；彩版一二：5）。

陶案　2件。97M3：11，灰陶质。案面呈长方形，四周卷沿，沿内四角有圆形插孔，用以嵌足。四足仅一足保存完好。足自上而下为八棱柱形榫头、长方形承载面，其下饰锯齿纹，下部为亚腰蹄形足。案面存有红漆痕迹。案面长66、宽43.4、厚2、四周卷沿高0.4厘米，足高16.8厘米（图六：5；彩版一三：1）。

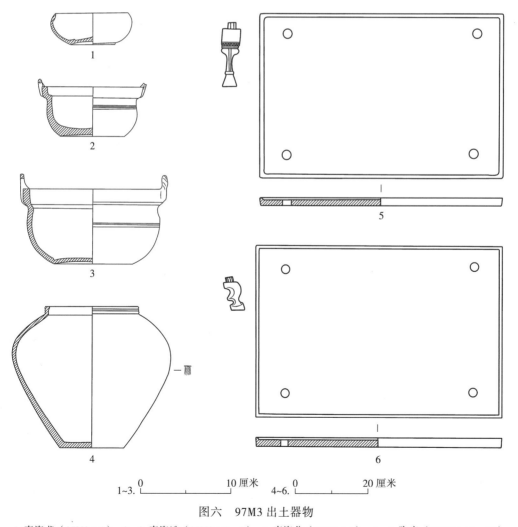

1~3. 0 _____ 10厘米　　4~6. 0 _____ 20厘米

图六　97M3出土器物

1.青瓷盏（97M3：1）　2、3.青瓷洗（97M3：2、3）　4.青瓷瓮（97M3：4）　5、6.陶案（97M3：11、12）

97M3：12，灰陶质。案面呈长方形，四周卷沿，沿内四角有圆形插孔，用以嵌足。足上部为八棱柱形榫头，与案面插孔组合；其下有两处弯曲空缺，呈反 E 形；最下部为马蹄形。案面存有红漆痕迹。案面长 66.8、宽 45、厚 2.2、四周卷沿高 0.4 厘米，足高 8.8 厘米（图六：6；彩版一三：2）。

鎏金铜片　1 件（97M3：5）。极薄，残损严重，仅余残片。外表面鎏金。残长约 3.6、厚约 0.04 厘米（彩版一四：1）。

铜钱　40 余枚。

97M3：6，2 枚。均为方孔圆钱，锈蚀严重，钱文已不可辨（彩版一四：2）。97M3：6-1，有内、外郭。钱径 2.2、穿宽 0.7 厘米，重 1.7 克。97M3：6-2，剪轮，有内郭。钱径 2.2、穿宽 1 厘米，重 1.4 克。

97M3：9，完整者 25 枚。均为方孔圆钱（彩版一四：3）。97M3：9-1，钱文不可辨。钱径 2.4、穿宽 0.9 厘米，重 1.7 克。97M3：9-2，有外郭，钱文不可辨。钱径 2.4、穿宽 0.9 厘米，重 1.9 克。97M3：9-3，有内、外郭，钱文不可辨。钱径 2.7、穿宽 1 厘米，重 3.5 克。97M3：9-4，有内、外郭，钱文不可辨。钱径 2.6、穿宽 0.9 厘米，重 2 克。97M3：9-5，有外郭，钱文为“五铢”。钱径 2.5、穿宽 1.1 厘米，重 1.8 克。97M3：9-6，有外郭，背有内郭，钱文为“五铢”。钱径 2.6、穿宽 1 厘米，重 2.1 克。97M3：9-7，有外郭，背有内郭，钱文为“五铢”。钱径 2.6、穿宽 1 厘米，重 2.4 克。97M3：9-8，有内、外郭，钱文不可辨。钱径 2.5、穿宽 1.1 厘米，重 2.1 克。97M3：9-9，有外郭，钱文不可辨。钱径 2.5、穿宽 0.9 厘米，重 2.3 克。97M3：9-10，有外郭，钱文不可辨。钱径 2.5、穿宽 1 厘米，重 1.8 克。97M3：9-11，有外郭，钱文不可辨。钱径 2.5、穿宽 0.9 厘米，重 2.6 克。97M3：9-12，有外郭，钱文不可辨。钱径 2.4、穿宽 0.9 厘米，重 1.9 克。97M3：9-13，有外郭，钱文不可辨。钱径 2.6、穿宽 1 厘米，重 1.9 克。97M3：9-14，有内、外郭，钱文不可辨。钱径 2.7、穿宽 0.9

厘米，重 1.9 克。97M3：9-15，有内、外郭，钱文不可辨。钱径 2.3、穿宽 0.7 厘米，重 1 克。97M3：9-16，有内、外郭，钱文不可辨。钱径 2.6、穿宽 1 厘米，重 2.4 克。97M3：9-17，有外郭，钱文不可辨。钱径 2.4、穿宽 1 厘米，重 2 克。97M3：9-18，钱文不可辨。钱径 2.2、穿宽 0.9 厘米，重 1.6 克。97M3：9-19，有内、外郭，钱文不可辨。钱径 2.5、穿宽 1 厘米，重 1.9 克。97M3：9-20，有外郭，钱文不可辨。钱径 2.6、穿宽 0.8 厘米，重 2.2 克。97M3：9-21，有外郭，钱文不可辨。钱径 2.3、穿宽 0.9 厘米，重 1.8 克。97M3：9-22，有外郭，钱文不可辨。钱径 2.6、穿宽 0.9 厘米，重 2.6 克。97M3：9-23，钱文不可辨。钱径 2.3、穿宽 0.9 厘米，重 1.4 克。97M3：9-24，剪轮，钱文不可辨。钱径 1.6、穿宽 0.9 厘米，重 0.8 克。97M3：9-25，剪轮，钱文不可辨。钱径 1.7、穿宽 0.9 厘米，重 0.7 克。

　　97M3：10，17 枚，其中 4 枚两两锈结在一起。均为方孔圆钱（彩版一四：4）。97M3：10-1，2 枚粘连。有外郭，钱文不可辨。钱径 2.5 和 2.2、穿宽 0.9 和 1 厘米，总重 3.5 克。97M3：10-2，有外郭，背有内郭，钱文为"五铢"。钱径 2.6、穿宽 0.9 厘米，重 2.3 克。97M3：10-3，钱文不可辨。钱径 2.3、穿宽 0.9 厘米，重 1.1 克。97M3：10-4，有内、外郭，钱文不可辨。钱径 2.6、穿宽 1 厘米，重 2.1 克。97M3：10-5，有外郭，钱文为"五铢"，直笔锐利。钱径 2.6、穿宽 1 厘米，重 3 克。97M3：10-6，有外郭，钱文不可辨。钱径 2.5、穿宽 1 厘米，重 1.6 克。97M3：10-7，有内、外郭，钱文不可辨。钱径 2.6、穿宽 0.9 厘米，重 2.9 克。97M3：10-8，有内、外郭，钱文为"货泉"。钱径 2.3、穿宽 0.7 厘米，重 2.2 克。97M3：10-9，有内、外郭，钱文不可辨。钱径 2.6、穿宽 1 厘米，重 3 克。97M3：10-10，有外郭，钱文不可辨。钱径 2.5、穿宽 1 厘米，重 1.3 克。97M3：10-11，有外郭，钱文不可辨。钱径 2.2、穿宽 0.9 厘米，重 1.7 克。97M3：10-12，2 枚粘连。有外郭，钱文不可辨。其中一枚钱径 2.4、穿宽 0.9

厘米，总重 4.9 克。97M3：10-13，有外郭，钱文不可辨。钱径 2.6、穿宽 0.9 厘米，重 1.4 克。97M3：10-14，锈蚀严重，钱文不可辨。穿宽 1 厘米，重 1.1 克。97M3：10-15，剪轮，钱文不可辨。钱径 1.8、穿宽 0.9 厘米，重 1 克。

牙齿　2 颗。97M3：7，臼齿。釉质犹存，磨损较严重。牙冠长 0.6、牙根长 1.3 厘米，重 1.2 克。97M3：8，门齿。铲形，釉质尚存。牙冠长 0.9、牙根长 1.1 厘米，重 1 克。

二　97M4

（一）墓葬形制

97M4 位于土墩中部，东与 97M3 相邻，墓向 180°（彩版一五）。墓葬由墓门、甬道、前室、过道、东后室、西后室等部分组成，墓道情况不明，墓门与甬道间设有石门，全长 11.8 米（图七）。该墓早年被盗，前室西墙及拱券顶处有一直径约 3.5 米的盗洞，盗掘使壁面原有的壁画被破坏。西后室墓顶南端也有一盗洞，盗洞填土中出土青瓷片、青白瓷片及韩瓶残片，由此推断，墓葬或被盗于宋代。此外，前室东壁至券顶处被破坏，形成宽约 0.6、高约 2.5 米的豁口，1995 年曾有人从此豁口进入墓室，豁口后被封堵。此墓以青砖砌成。墓底设有铺地砖，各室地面基本平齐。铺地砖分 3 层，最上层平铺，呈 "人" 字形排列；第二层为丁砖，横纵交替排列；最底层砖亦平铺。墓砖有长方形砖和楔形砖两种，长方形砖多长 38、宽 18.5、厚 5.5 厘米；楔形砖长 38、窄边宽 12.5、宽边宽 18.5、厚 5.5 厘米。

墓门　四层券顶。两侧以平砖错缝叠砌，壁厚近 0.8 米。墓门口外侧用两层砖封堵，外层为整砖，内层以碎砖填实。墓门内由外而内由 7 道封门砖堆砌，第七道为单砖竖砌，余均为平砌，第七道封门砖直接与石门相连（彩版一六）。墓门长 1.2、外宽 3.1、券顶高约 3、内高 1.85 米。

石门　由左右门柱、门楣、门槛及两门扇组成，门楣由上、下两块条石拼接

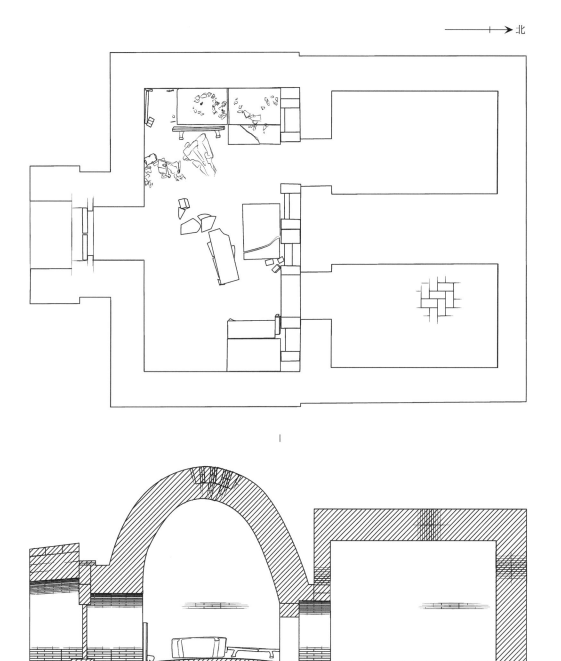

图七　97M4 平、剖面图

而成，下侧条石底面与门槛顶面有门臼，门扇上的轴头置于臼窝之中。石门构件均为青石质，由于风化，西侧门扇发白，东侧门扇呈青灰色，门槛亦为青灰色，未发现纹饰。门扇高 1.2、宽 0.6、厚 0.12 米。

　　甬道　石门后即为甬道。券顶。平面呈长方形，长 1.2、内高约 1.55 米。两侧砌法基本与墓门相同，即以平砖错缝叠砌，壁厚 0.8 米。券顶部分用条砖与楔形砖相间砌成，与前室南壁连为一体。

　　前室　券顶。平面呈横长方形，内长 3.66、内宽 6.34、内高约 3.6 米，墙体厚约 0.8 米，四壁以长方形砖错缝平砌而成，砖缝不甚规整。券顶两层，以长方形砖与楔形砖相间砌成，楔形砖与长方形砖垂直，外观呈"多顺一丁"结构，顺砖数量不等（彩版一七）。室内砖铺地面中间略高，南北稍低。前室内壁敷有一层白灰，剥落较严重（彩版一八：1）。南壁甬道口以条砖平铺叠砌封堵（彩版一八：2）。北壁（与后室连接处）下部用条石砌筑成 6 个长方形石框（其中两个框内为通往后室的过道口），顶部为 3 根条石，较长；下部立柱共 8 根（图八；彩版一九：1）。六个石框近轴对称，部分条石表面有线刻人物及云气纹等，惜风化较为严重（彩版二○）。东西两端的石框内仿制成棂窗状，西端棂窗保存相对完整，内部原应有菱形镂孔，发掘时仅边缘部分尚存（彩版一九：2、3），东端棂窗已严重破损。与其相邻的是东西后室的过道石门框，再中间两个石框内嵌入石板，

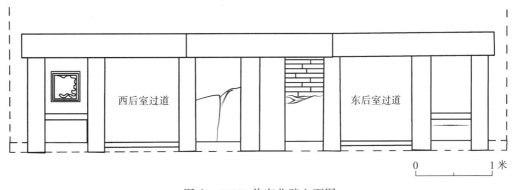

西后室过道　　　　　　　　　　　　东后室过道

0　　　　　　　1 米

图八　97M4 前室北壁立面图

也均遭破坏。前室内经盗扰。东北角有一组石榻、石案，石案已断为两截（彩版二一：1）。北部中央有一组石榻、石案，石榻已断为两截，石案一角破损且位置似有搬动。西部偏北放置两套石榻、石案组合，其中一石案立起，似被翻动（彩版二一：2），石榻上残存有陶片、瓷片、铜钱、漆皮等。近西壁南部处出土铜带钩1件，紧贴南壁西端立有石屏1件，石屏北侧有一U形石座，U形石座东约0.6米处有一兽形石座，兽形石座北侧发现一些散碎人骨、陶片、瓷片及棺木痕迹。

过道　位于前室北壁两侧，连接前室与后室。券顶。长0.8、宽1.1、内高约1.4米。

后室　分为东、西两室。券顶。平面均呈长方形，大小一致且对称，内长3.9、内宽2.35、内高2.75米（彩版二二）。四壁以长方形砖错缝平砌而成，壁厚约0.8米。后室基本被盗扰一空，仅出土少量五铢、剪轮五铢等铜钱（彩版二三）。

（二）出土器物

97M4早年被盗，出土器物不甚丰富，主要有青瓷器、陶器、铜器、骨器等，以及石屏、石座、石案榻组合、手印砖等砖石器。同时，在甬道、前室、西后室过道前石榻下及盗洞口均发现零星五铢、鹅眼钱（剪轮五铢）等。另外，在前室盗洞口西侧、西壁及淤土中发现经扰乱残存的青瓷片、印纹陶片、釉陶片、灰陶片、瓦当残件及朱砂陶耳杯残片等，还有鎏金纽扣残片（可能是鎏金铜泡钉）、石雕残件及后期混入的青白瓷片、青花瓷片、韩瓶残片等。

青瓷双耳罐　1件（97M4：3）。直口，圆唇，弧肩，直腹微鼓，平底内凹。肩部附对称的双系，其中一系残。口部饰两周凹弦纹，肩部凹弦纹间饰一周水波纹。外壁施青釉至下腹部。口径10.4、腹径17.9、底径12.5、高14.6厘米（图九：1；彩版二四：1）。

青瓷罐　1件（97M4：4）。腹部以上残。鼓腹，下腹斜收，平底。器身施青釉，底部未施釉，釉层均匀，釉质较细腻。底径10.4、残高13.1厘米（图九：4；

彩版二四：2）。

　　青瓷碗　2件。97M4：7，残。卷沿微侈，深弧腹，平底，底部微凹。内底及外口沿各饰一周凹弦纹。内底可见支钉痕。内外施青釉，外底无釉，釉色莹润，釉质细腻。口径17.6、底径11.2、高7.2厘米（图九：2；彩版二四：3）。97M4：8，残。敞口微侈，斜腹微弧，玉璧底。内底可见支钉痕，外壁有轮制痕迹。内外施青釉，外底无釉，釉层部分脱落。口径16.8、底径7.6、高5.2厘米（图九：3；彩版二四：4）[1]。

　　陶案　1件（97M4：1）。灰陶质。案面呈圆形，四周卷沿，沿内等距分布三个圆孔，用以嵌足，足失。案面直径37.5、厚1.3、四周卷沿高0.4厘米（图九：9；彩版二五：1）。

　　陶钵　1件（97M4：2）。残。敛口，尖圆唇，扁鼓腹，假圈足，底内凹。内底饰柿蒂纹，其外有一周方形边框；外口沿下饰一周凹弦纹。内外可见朱砂痕迹。口径20、腹径21.6、足径10.8、高7.5厘米（图九：5；彩版二五：2）。

　　铜带钩　1件（97M4：5）。器身呈琵琶形，龙头形钩首，圆形纽柱，纽为扁圆形，腹部较长，腹上部拱起呈弧形。长11.1厘米（图九：6；彩版二五：3）。

　　铜器残件　1件（97M4：19）。锈蚀严重，器形不可辨。器身裂开，一端弯曲。残长3.6厘米，重10.5克（彩版二五：4）。

　　铜钱　31枚。

　　97M4：10，4枚。均为方孔圆钱，锈蚀严重，有外郭，钱文不可辨（彩版二六：1）。97M4：10-1，钱径2.5、穿宽0.9厘米，重5.1克。97M4：10-2，钱径2.6、穿宽0.9厘米，重3.6克。97M4：10-3，钱径2.5、穿宽1.1厘米，重2.6克。97M4：10-4，有内郭。钱径2.6、穿宽0.9厘米，重3.9克。

---

[1]　97M4：8为唐代遗物，应为后世扰入。

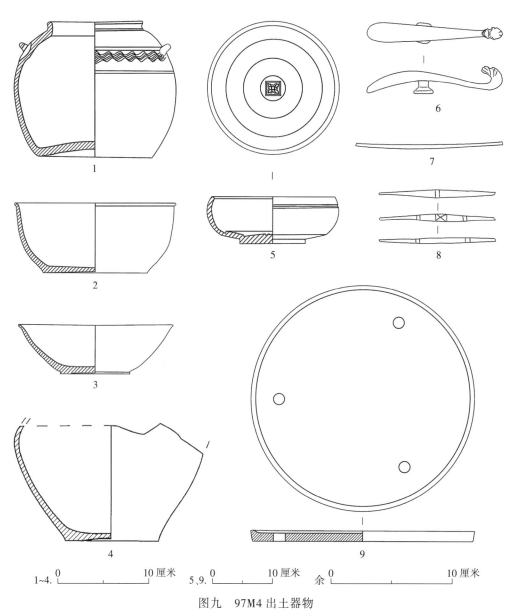

图九　97M4 出土器物

1.青瓷双耳罐（97M4：3）　2、3.青瓷碗（97M4：7、8）　4.青瓷罐（97M4：4）　5.陶钵（97M4：2）
6.铜带钩（97M4：5）　7、8.骨簪（97M4：6-1、6-2）　9.陶案（97M4：1）

97M4：12，5 枚，其中 3 枚粘连。均为方孔圆钱，锈蚀严重，有外郭，钱
文不可辨（彩版二六：2）。97M4：12-1，钱径 2.5、穿宽 0.9 厘米，重 2.2 克。
97M4：12-2，钱径 2.6、穿宽 0.6 厘米，重 2.9 克。

97M4：14，3枚。均为方孔圆钱，锈蚀严重，钱文不可辨（彩版二六：3）。97M4：14-1，有内、外郭。钱径2.5、穿宽0.8厘米，重3.5克。97M4：14-2，有内、外郭。钱径2.6、穿宽1厘米，重3.5克。97M4：14-3，剪轮。钱径2、穿宽0.9厘米，重0.9克。

97M4：15，1枚。方孔圆钱，锈蚀严重，剪轮，钱文不可辨。钱径1.8、穿宽1厘米，重1.1克（彩版二六：4）。

97M4：17，16枚。均为方孔圆钱（彩版二六：5）。97M4：17-1，2枚粘连，钱文不可辨。其中一枚有外郭，钱径2.6、穿宽1.2厘米，总重6克。97M4：17-2，锈蚀较甚，有外郭，钱文不可辨。钱径2.2厘米，重2.4克。97M4：17-3，有内、外郭，钱文不可辨。钱径2.6、穿宽1厘米，重2.9克。97M4：17-4，有内、外郭，钱文为"五铢"。钱径2.4、穿宽1.1厘米，重1.8克。97M4：17-5，有内、外郭，钱文为"五铢"。钱径2.6、穿宽1厘米，重3.7克。97M4：17-6，有内、外郭，钱文为"五铢"。钱径2.5、穿宽1厘米，重2.5克。97M4：17-7，有内、外郭，钱文为"五铢"。钱径2.5、穿宽0.9厘米，重4.4克。97M4：17-8，剪轮，钱文不可辨。钱径2.2、穿宽1厘米，重1.4克。97M4：17-9，有内、外郭，钱文为"五铢"。钱径2.6、穿宽1厘米，重4.2克。97M4：17-10，有内、外郭，钱文为"五铢"。钱径2.5、穿宽0.9厘米，重2.8克。97M4：17-11，有内、外郭，钱文为"五铢"。钱径2.5、穿宽0.9厘米，重2.8克。97M4：17-12，剪轮，钱文不可辨。钱径1.9、穿宽1厘米，重0.7克。97M4：17-13，剪轮，钱文不可辨。钱径1.7、穿宽0.8厘米，重0.7克。97M4：17-14，剪轮，钱文不可辨。钱径2.2、穿宽0.9厘米，重1.3克。97M4：17-15，残损较甚，未做测量。

97M4：18，2枚。均为方孔圆钱，钱文不可辨（彩版二七：1）。97M4：18-1，有外郭，钱径2.4、穿宽0.9厘米，重2.2克。97M4：18-2，剪轮。钱径1.7、穿宽0.9厘米，重0.7克。

铁器　1件（97M4：9）。残。现为两长条形铁片（疑是铁剑），其中一片已严重弯曲，锈蚀严重，无法辨认原器形。分别长26.9厘米和26.5厘米（彩版二七：3）。

金箔　1件（97M4：16）。极薄。形状不甚规整，可见花叶、炸珠、缠枝等纹饰，应为某类装饰品。长2.4、宽1.5厘米，重0.9克（彩版二七：2）。

0　　　　　10厘米

图一〇　97M4出土石屏（97M4：I）拓片

骨簪 1件（97M4：6）。断为两截，牙黄色。97M4：6-1，圆柱形。长12.5、直径0.3~0.4厘米（图九：7；彩版二七：4上）。97M4：6-2，中部宽、两端细，正反面有多道小凹槽。长9.9、中部宽0.6厘米（图九：8；彩版二七：4下）。

石屏 2件。97M4：Ⅰ，一面保存较好，画面以阴刻线条描绘人物与纹饰，另一面亦有阴刻人物图像，但漫漶不清，两面形制一致。屏风左右及上部边沿饰

0　　　　　10厘米

图一一　97M4出土石屏（97M4：Ⅰ）摹本

云气纹，画面分上、中、下三层，每层以帷幔隔开。下层由右及左为三人一山，分别为老者，头戴平巾帻，身着长袍，疑似右手持杖；带剑者两人，头戴无帻之冠，右二佩剑于右侧，右三佩剑于左侧，身背包袱，均作奔跑状；最左侧描绘远山一座，山脚下有河流曲折蜿蜒至近处。中层由左及右为四人，从服饰来看均为女性，左二似为主要人物，身着交领长袍，双手自然伸展作演讲状；左一亦着交领长袍，面向右侧，左手抬起至耳畔；左三双手抱袖，面向左二作凝神倾听状；左四侧身，面向左侧，手中似持物；最左侧描绘长方形条状物。上层由左及右亦为四人，左一佩剑于右侧，面朝右，惜面部漫漶不清；左二佩剑于左侧，双手平推，表情威武，器宇轩昂，推测为该层主要人物，作与右侧二人交谈状；右侧二人装束似与下部中间二人相同，但未佩剑。长73、宽71、厚5.5厘米（图一〇、一一；彩版二八：1）。97M4：Ⅱ，屏面破裂，漫漶不清。正反两面均阴刻线条描绘人物及纹饰，两面纹饰布局类似。一面画面中部右侧可辨一女性人物，人物上方为帷幔，帷幔上方可见人的衣物形状。最右侧为云气纹。另一面中上部可见一人之衣物，右侧下方可见帷幔。长82、宽74、厚5厘米（图一二）。

兽形石座　4件。97M4：Ⅲ，整体呈伏虎状。怒目圆睁，张口咆哮，似大口流涎。鬃毛、耳、额头及背部刻划纹饰。背部近尾处设一凹槽插座。整器雕工精美，栩栩如生。长30.2、宽约18、高21.6厘米（图一三：1；彩版二八：2、3）。97M4：Ⅳ，表面磨光。形制与97M4：Ⅲ相似。整体呈伏虎状，多处已破损，怒目圆睁，张口咆哮，似大口流涎，口中似有一物。鬃毛、耳、背部纹饰与97M4：Ⅲ相同。背部近尾处设一凹槽插座，一侧槽壁已残。一腿缺失，侧边似有红漆痕迹。长37.5、宽19、高24厘米（图一三：2；彩版二九：1）。97M4：Ⅴ，石质较97M4：Ⅲ及97M4：Ⅳ粗糙，风化严重。整体呈伏兽状，面部形态已不可见，头部一只耳朵不存，且仅余两足。背部及近尾处凹槽方向与趴卧方向垂直。残长25.2、宽15、高27厘米（图一三：4；彩版二九：2）。97M4：Ⅵ，石质较

0   10厘米

图一二 97M4出土石屏（97M4：Ⅱ）拓片

97M4：Ⅲ及97M4：Ⅳ粗糙，风化严重。整体呈伏兽状，面部形态已不可见。背部凹槽方向与趴卧方向垂直，凹槽后壁残。长34.5、宽19.5、高25.5厘米（图一三：3；彩版二九：3）。

U形石座 2件。97M4：Ⅶ，整石刻成。平面呈长方形，顶部中间有横长条形凹槽，侧面呈U形。长22、宽12.5、高16厘米，槽宽6.6、深4厘米（图一四：1；彩版三○：1）。97M4：Ⅷ，整石刻成。平面呈长方形，顶部一端有横长条形凹槽，侧面近U形。长22、宽15.5、高18.5厘米，槽宽6.5、深4

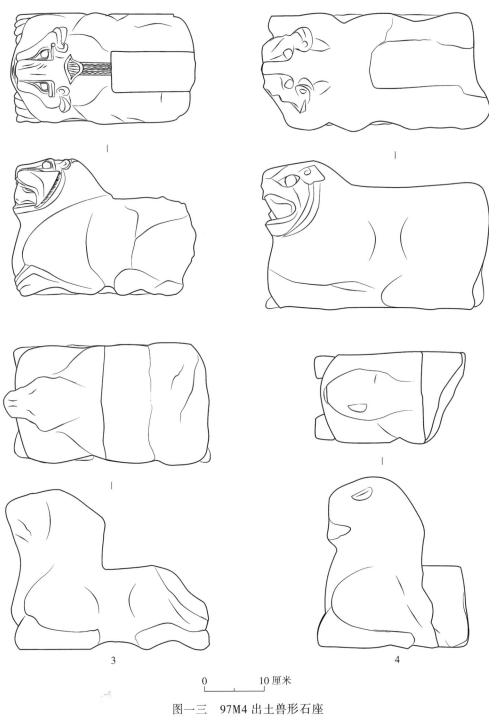

3

4

0   10 厘米

图一三　97M4 出土兽形石座

1. 97M4：Ⅲ　2. 97M4：Ⅳ　3. 97M4：Ⅵ　4. 97M4：Ⅴ

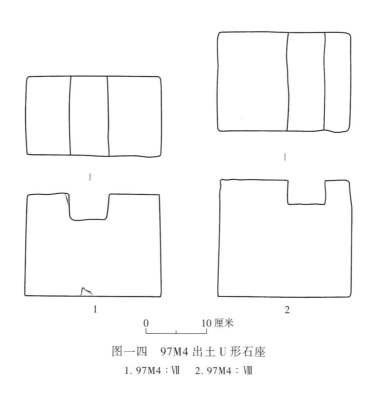

图一四　97M4 出土 U 形石座
1. 97M4：Ⅶ　2. 97M4：Ⅷ

厘米（图一四：2；彩版三〇：2）。

石案榻组合　4套。形制基本相同，风化严重，仅一套大体未见断裂破损。均用整石凿成，雕刻较粗糙。顶面呈长方形，较为平整。97M4：Ⅺ，榻。四角有矮足，每足两侧均雕刻成阶梯状，仅两边雕刻完成。榻面长 121.6、榻面宽 74.2、足高 17.5、通高 23.6 厘米（图一五：1；彩版三一：1）。97M4：Ⅻ，案。案面一角断裂，不见纹饰，下有两矮足，与案面宽边同长，略向内弯曲。案面长 123、案面宽 44、足高 16、通高 23 厘米（图一五：2；彩版三一：2）。

手印砖　2件。97M4：Ⅸ，长方形砖。砖面中部有一较大五指手印纹。长 38.1、宽 18.6、厚 5.3 厘米（图一六：1；彩版三〇：3）。97M4：Ⅹ，楔形砖。砖面中部有一较小五指手印纹。长 38.5、窄边宽 12.5、宽边宽 18.6、厚 5.7 厘米（图一六：2；彩版三〇：4）。

牙齿　13颗（97M4：11）。保存较好，釉质犹存。包括臼齿 6 颗、门齿 5

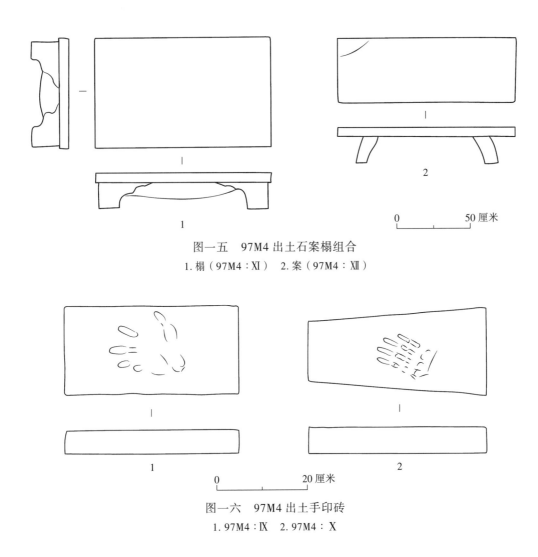

图一五　97M4 出土石案榻组合
1. 榻（97M4：Ⅺ）　2. 案（97M4：Ⅻ）

图一六　97M4 出土手印砖
1. 97M4：Ⅸ　2. 97M4：Ⅹ

颗、犬齿 2 颗，其中，臼齿有 2 颗为龋齿。总重 16.1 克。

（三）画像石

97M4 前室北壁下部砌筑石框所用条石多有阴刻画像，虽风化较为严重，但局部尚能辨识。发掘时，因条石过于沉重、拆除难度大，且拆除后存在较大安全隐患，未能及时取出，所幸有画像保存处均进行了拍照和拓片。

可辨识的画像分为人物和云气纹两种，保存较好的为中间横梁和西起第三根立柱上的画像（彩版三二）。根据这两处画像推测，三条横梁原均应有人物画像，

立柱外立面原均应有云气纹。人物画像和云气纹的风格均与石屏（97M4：Ⅰ）类似。中间横梁为一组人物，上垂幔帐，西起第一人头戴冠，身着长袍，手似执笏板，面东；第二人穿戴与第一人同，腰中佩剑，身向东而面顾西，与第一人形成呼应；东侧还有人物，但因风化严重，不易辨识。

三　97M6

（一）墓葬形制

97M6 位于土墩东北部，坐西朝东，墓向 96°（图一七；彩版三三、三四）。墓葬现存为方形单室砖室墓，由墓门、甬道、墓室、南耳室、西（耳）室（仅存墓室通往西侧的过道）组成。墓底仅有一层铺地砖，呈"人"字形排列。

墓门　三层券顶。两侧壁均用三层平砖叠砌，壁厚 0.55 米。墓门内用砖平塞封堵，封门之外见有一些乱砖呈坡状散布，乱砖堆积西高东低。墓门长 0.4、内宽 1.05、外宽 2.26、内高 1.15、自墓底至门券顶高 1.7 米（彩版三五）。

甬道　单层券顶。平面呈长方形，两侧壁用单层平砖砌成，壁厚 0.2 米，长 0.8、内宽 1.05、外宽 1.4、内高 1.15 米。

墓室　平面近正方形，东西外长 3.12、南北外宽 3.25、壁厚 0.4 米（彩版三六）。东壁中部与甬道相连，壁面以砖封实；南壁中部有一券顶过道，与南耳室连接；西壁中部亦有一券顶过道，被砖块与泥土封实，推测西部原应有一耳室或墓室，惜已不存。四壁均从高约 1.4 米处开始叠涩内收，至高约 2.2 米处结顶，顶部已被破坏，原墓顶应为四角攒尖顶或盝顶。墓室北部用四层砖砌出一砖榻，与墓室等长，宽 0.8、高 0.24 米。砖榻最上层用长方形砖铺成，南侧面分别在东端、中间和西端用逐层减小的砖砌成仿足状（彩版三七）。

南耳室　券顶。平面呈长方形，两侧壁及后壁均用单层砖砌成，内长 1.5 米（含过道）、内宽 0.9、外宽 1.3、内高 0.95、外高 1.15 米。

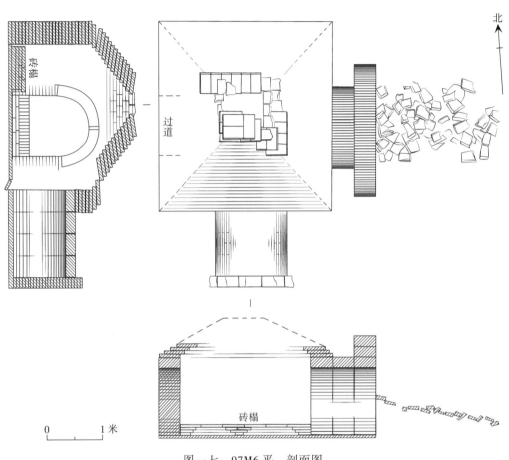

图一七　97M6平、剖面图

（二）出土器物

97M6出土铜盖鼎1件、釉陶钵1件、釉陶灶1套（包括釉陶灶1件、釉陶釜2件、釉陶甑1件）、鎏金五铢钱1枚。另见青瓷碗口部及腹部残片、青瓷罐残片、青瓷瓮腹部残片及五铢钱百余枚等。

铜盖鼎　1件（97M6：1）。盖子口，顶面微弧，中心立一鸟形捉手，形态流畅。器身敛口，方唇，圆鼓腹，圜底，下附三蹄形足。肩部对称置圆纽状双系，一侧已脱落。口径2.8、腹径5.6、通高6.3厘米（图一八：1；彩版三八：1）。

釉陶钵　1件（97M6：3）。红陶质。直口，圆唇，腹微鼓，近底处弧收，假

圈足。外口沿下饰两周凹弦纹。器表釉层已脱落。口径 8.8、足径 4.6、高 4.1
厘米（图一八：2；彩版三八：2）。

　　釉陶灶　1 套（97M6：2）。整器由灶 1 件、釜 2 件、甑 1 件组成，均为釉
陶质。泥质红陶胎，施绿釉（彩版三八：3）。灶（97M6：2-1），船形，前为圆
角方形，后为圆尖形，尾部有三角形烟孔。双灶眼，无遮烟檐。灶壁略薄，前部有长

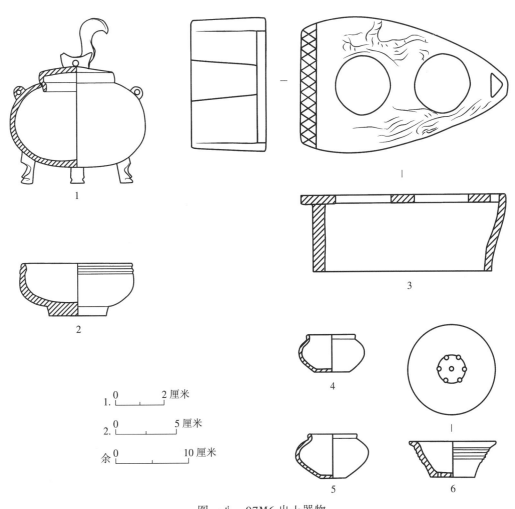

　　　　　　　　　　　图一八　97M6 出土器物
　　　1.铜盖鼎（97M6：1）　2.釉陶钵（97M6：3）　3.釉陶灶（97M6：2-1）
　　　　　4、5.釉陶釜（97M6：2-2、2-3）　6.釉陶甑（97M6：2-4）

方形火门。灶面前端模印菱形花纹，其余大部饰游龙纹。器表施绿釉。长 28.1、
宽 18.1、高 10.2 厘米，灶眼直径 7.6 厘米（图一八：3）。釜，形制基本相同，分
别置于两灶眼上。直口，圆唇，鼓腹，下腹斜收，平底。内外均施绿釉，大部分
已脱落。97M6：2-2，口径 6.5、腹径 9、底径 4.8、高 4.9 厘米（图一八：4）。
97M6：2-3，口径 6.7、腹径 9.9、底径 3.8、高 5.7 厘米（图一八：5）。甑
（97M6：2-4）[1]，置于釜上方。敞口，平沿外折，下腹斜收，平底，器底有七个
小圆孔。腹部有数周弦纹，且有轮制痕迹。通体施绿釉，部分已脱落。口径 11.4、
底径 5.8、高 4.8 厘米（图一八：6）。

鎏金五铢钱　1 枚（97M6：5）。方孔圆钱，通体鎏金。正、背均有外郭，背
有内郭，钱文为篆书"五铢"二字，清晰可见，且有光泽。钱径 2.8、穿宽 1 厘米，
重 1.2 克（彩版三八：4）。

四　97M7

（一）墓葬形制

97M7 位于土墩最北端。根据墓葬结构分析，应为方形带耳室的穹隆顶砖室墓，
现存墓室与南耳室，墓门及甬道已不存，墓门应朝西，墓向约 276°（图一九；
彩版三九、四〇）。墓底铺地砖大部分被破坏，由残存铺地砖来看，应呈"人"字
形铺设。

墓室　平面呈长方形，东西外长 4.2、南北外宽 3.6、壁厚 0.38 米。墓顶已
被破坏，仅在东南角保存少量弧形内收的砖体，推测原墓顶为穹隆顶（发掘日记
记载为穹隆顶）。西壁正中有一券顶过道，已被碎砖及淤土填满，过道以外不存，
根据墓葬结构来看，原墓门、甬道应位于此处。南壁中部略偏西有一券顶过道，

[1]　釉陶甑原始编号为 97M6：4，因两件釉陶釜均未单独编号，故后期整理时将其与釉陶灶合并编号。

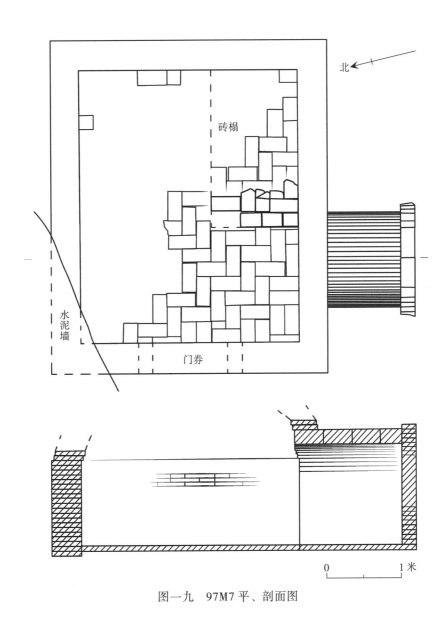

图一九　97M7 平、剖面图

通往南耳室。墓室东南角原应有一砖榻（彩版四一：1）[1]，发掘时只在其最西侧存有四层砖，根据乱砖分布情况推测，原砖榻东西长约 1.9、南北宽 1.1、高约0.2 米。

───────────

[1] 原始图件称为"棺床"，但其结构应与 97M3、97M6 同类设施相同，故改为"砖榻"。

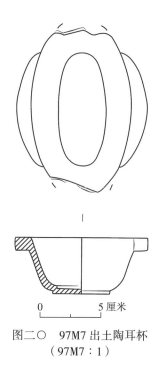

图二○　97M7出土陶耳杯
（97M7：1）

南耳室　券顶。平面近正方形，整体向西倾斜，三壁均用单层砖平铺叠砌而成，南北外长1.25（不包括过道）、外宽1.2、外高1.5、壁厚0.2米。

（二）出土器物

97M7被破坏严重，仅出土陶耳杯1件、铜钱1枚，另见有少量灰黑陶口部和腹部残片等。

陶耳杯　1件（97M7：1）。残。灰陶质，模制。整体为仿漆器造型，杯身呈椭圆形，两侧附半月形双耳，与口沿平齐，假圈足，足墙极矮。器身施红色彩绘，大部分已脱落。口长13.8、通宽10.9、足长9.7、足宽4.8、高4.7厘米（图二○；彩版四一：2）。

铜钱　1枚（97M7：2）。方孔圆钱，锈蚀严重，有外郭，一面见有内郭，钱文不可辨。钱径2.3、穿宽0.8厘米，重1.2克（彩版四一：3）。

五　97M8

（一）墓葬形制

97M8位于97M7南侧，北壁直接与97M7南耳室相接。砖室墓，墓室大部分被破坏至墓底，仅东南角残存20余层砖。铺地砖均已不存，墓门位置不详（图二一；彩版四二：1）。墓室平面呈长方形，东西外长4.05、南北外宽3.5、壁厚0.4米。发掘日记认为墓室为穹隆顶。

（二）出土器物

墓室内经过严重破坏，未发现出土器物。

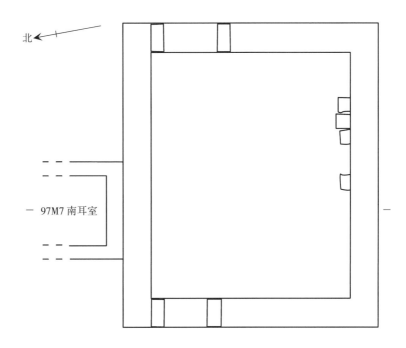

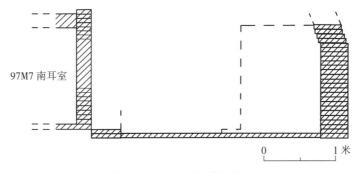

图二一　97M8 平、剖面图

第三节　宋墓（97M2）

（一）墓葬形制

97M2 位于土墩西南部。墓葬为竖穴土坑石盖板双室砖室合葬墓，墓圹平面近正方形，墓向68°（图二二；彩版四三～四六）。砖室东西长2.5、南北宽2.44

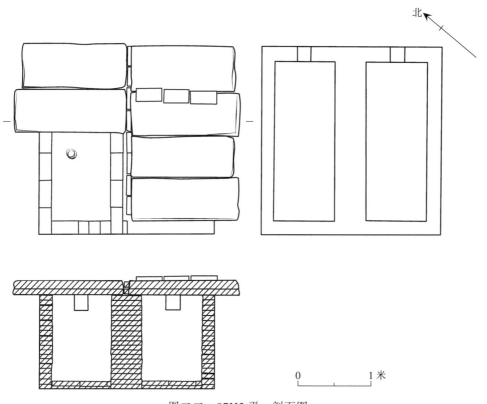

图二二　97M2 平、剖面图

米，墓底至盖板顶部 1.5 米。两室大小相同，内部均长 2.12、宽 0.84、高 1.16
米。砖室用长方形砖平铺叠砌而成，墓底平铺长方形灰砖，东壁距墓底 0.96 米
处各留出一小龛，近正方形，边长约 0.2 米。墓室上方盖石板，石板两侧上部或
下部有凹槽，以便相互搭接。南墓室四块石板保存完整，北墓室仅存东部两块石
板。石板大小略有差异，长 1.43~1.53、宽约 0.6、厚约 0.2 米。南墓室东部第一
块石板与第二块石板的缝隙处平放有三块砖，尺寸为长 36、宽 17、厚 5 厘米，
南北两室石盖板之间嵌有条砖，尺寸为长 26.5、宽 6.5、厚 3.5 厘米。北墓室墓
主为女性，南墓室墓主为男性。

（二）出土器物

97M2 北墓室出土白瓷粉盒 1 件、铜钱 50 余枚；南墓室出土铜钱 20 余枚。

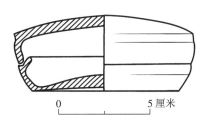

0　　　　　　　　　5厘米

图二三　97M2 出土白瓷粉盒（97M2∶1）

白瓷粉盒　1件（97M2∶1）。圆形，由盖和器身两部分组成，以子母口扣合。盖为母口，顶面隆起，侧壁上缘饰一周凹弦纹。器身子口，斜壁，平底内凹，内底上凸。盖内外均施白釉，盖内釉层不均；器身外底无釉，余均施白釉。直径 9.8、内口径 8.3、底径 8.4、通高 4 厘米（图二三；彩版四七）。

铜钱　70 余枚。

97M2∶2，50 余枚。出土于北墓室。多锈蚀严重，出土时粘连在一起。钱文可辨识者 8 种，包括圣宋元宝、元丰通宝、皇宋通宝、绍圣元宝、天圣元宝、治平元宝、嘉祐通宝、政和通宝（图二四；彩版四八∶1）。

97M2∶3，20 余枚。出土于南墓室。多锈蚀严重，出土时粘连在一起。钱文可辨识者 12 种，包括圣宋元宝、元丰通宝、皇宋通宝、绍圣元宝、天圣元宝、

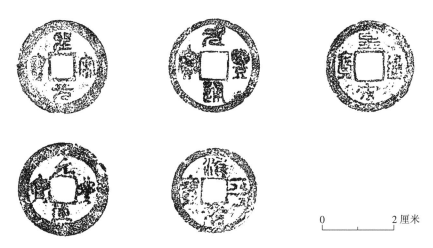

0　　　　　　2厘米

图二四　97M2 出土铜钱（97M2∶2）拓片（部分）

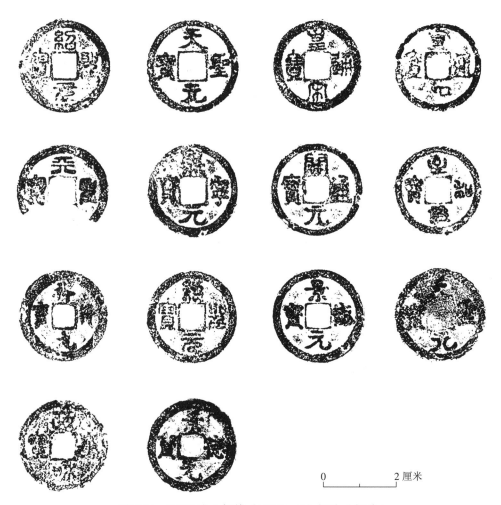

图二五　97M2 出土铜钱（97M2∶3）拓片（部分）

宣和通宝、熙宁元宝、开元通宝、至和元宝、祥符元宝、景德元宝、政和通宝
（图二五；彩版四八∶2）。

第四节　明墓（97M1）

（一）墓葬形制

97M1 位于土墩西部，发现时已被破坏殆尽。墓葬为夫妇双室砖室合葬墓，

券顶。97M1-1，墓室宽 0.8、高 0.9 米，墓主为男性；97M1-2，墓室宽 0.73、高 0.9 米，墓主为女性。根据出土墓志记载，男性墓主卒于嘉靖十年（1531 年），次年下葬，享年 81 岁；女墓主卒于正德十六年（1521 年），享年 71 岁。

（二）出土器物

墓志　2 件。均为青石质。无志盖。

97M1：1，周训墓志。志石方形，边长 55 厘米。志文阴刻楷书，26 行，满行 33 字（图二六）。录文如下：

周翁墓志铭」

周氏讳训，字廷礼。其先鄢陵人，世仕宋，思陵南跸，复官平江，尝筑室吴淞之上，遂」□□苏，元季毁于兵燹，有讳士杰者，复徙郡城，则翁之曾大父也，士杰生允中，」□□以同右选实京师，则翁之皇大父也。又自留都归徙金阊之北，至今家焉。允」中生景明，号逸轩，则翁之皇父也，妣陈氏。翁醇谨若淑，少无子弟之过，既长，益温厚可」□，□母安其孝，兄弟悦其友，宗郗孚其诚，与人交真率乐易，有言辄尽，底里不设城府，」□□俗恶少，非意詈诟，一切含忍不较，由是乡间咸以厚德称之。其植生也，去奢崇俭，」□□将事，故虽未尝乾没以射成败，而帑积益隆于前，江右巨贾争集门下，翁善别纻」□□□毕镜，使商与市无亏赢，县俭裁直，弗敢杂为巧，面谩以掩利自予，以故商人乐」□□。诸子俭勤慎密，克承翁训，方倚大恢厥家，相继夭死。于时，翁年已逾七裹，茕茕在」□□，孤孙尚稚，慨莫之承，乃谂族人之富而贤者委之橐金，使相羽翼，复延师迪其孤。」□□有成立，益昌厥绪，宗人曰："翁有孙矣！"乃斥所委而完归之翁，于乎！翁可谓得知人」□□，而宗人亦能不挠栋承之托者矣。翁之事其季兄通道公及从兄詹事公，恭慎有」□，□宦游外方，岁时问遗无间，尝输粟补迪功郎，章服非所荣也。性善饮，至老不减」于□□，曰："吾三子皆夭折，而

0 _____ 10厘米

图二六　周训墓志（97M1∶1）拓片

吾年望八，固余生也"。因以寻乐为号，日与乡人陶情尊俎间，」□□知其齿
之迈也。嘉靖十年九月廿三日以疾告终，享年八十有一，其生正统辛未」九
月廿一日也。娶陈氏，子三：伯环，娶杨氏，继沈氏；仲琳，娶吴氏；季
琥，娶居氏。孙一，曰」□□，遗孤也，娶许氏。孙女四，婿曰：陈鳌、张
轼、杨彬、潘楠。卒之明年十二月廿四日，葬邑」武丘乡，其墓则翁所自筑

寿藏也。先是，倬侍其师戴君九衢状来请铭，戴名郡庠茂」□□，其辞详而颣，翁之姪孙莳南周君继贤，即所委宗人者，尝为之先容，而通道公之」□□与余又为友婿，故余知翁为甚详，铭曰：」□周之先，初丽古鄮。后以宦游，遂隐吴廛。代有显人，奕叶承传。宫詹元上，邑宰踵骞。」□虽弗耀，令德孔嫒。喝喝□□，盎若春妍。乐易自诡，匪捷匪翩。划伪反刑，随和与肩。」□集群商，訾垺计然。迹所自来，庸曰巧便。有美弁绅，匪情之县。独友鶒生，长鲸吸川。」□龄遥遥，有孙曼延。□是令猷，永寿□镌。」

文林郎高安知县倬陵周镗撰文。郡人温厚刻。

97M1：2，周训妻陈氏墓志。志石方形，边长 59 厘米。志文阴刻楷书，23 行，满行 24 字（图二七）。录文如下：

周寻乐室人陈氏墓志铭」

吾周氏，世居河南之鄮陵，仕宋，扈康王过江南，官平江路，因占」籍于苏之吴淞。胜国兵起，六世祖士杰徙居郡城。生子二，曰：允」中、执中。洪武间，俱以同右选实京师，后执中归守坟墓，遂家于」金闾之北郭，是为吾祖也。生三人，长为吾父乐会府君，次即吾」叔醉乐翁。生六子，讳训，字庭礼，号寻乐者，其五也。寻乐之配姓」陈氏，讳玉真，吴县庠生廷瑞女，自幼婉懿，女红不烦姆教，吾叔」闻其贤，而聘为子舍。既归吾周，善事舅姑，宜其家人，聚百指，无」间言，相夫而家道植，抚子以致千金，吁若硕人者，亦难能矣。正」德辛未，予适叨禄宫僚，忽吾弟以书抵京，具述陈氏捐馆之年」月，恳吾志诸石，以垂不朽。是时，」新天子即位之初，厘革故蔽诸务，旁午日不暇给，又安能为吾」弟之妇执笔。虽然，友愉之情，阔违已久，千里之托，讵忍深拒，而」不慰吾弟之心，以彰弟妇之贤哉！硕人生三子：长曰环，仲曰琳，」季曰琥。琳娶吴氏，皆先卒；环娶杨氏，继沈氏，能大其家，今亦卒；」琥娶居氏。孙男一，曰倬，琥之子也。

0 ——————— 10厘米

图二七　周训妻陈氏墓志（97M1∶2）拓片

孙女四，陈鳌、张轼、杨彬、潘楠，」其壻也。生于正统辛未九月二十七日，

享年七十有一，卒于正」德十六年正月初七日，葬武丘乡周公墩，从祖兆

也。既寿而贤，」呜呼无铭，乃为之铭曰：出名门，归宦族，相夫子，亶纯

淑，居尊卑」间罔不穀，武丘之乡，永焉瘗玉。」

谏议大夫詹事府少詹事兼翰院侍读」经筵讲官兼修」明史坦庵周诏撰。

第五节　不明年代墓（97M9）

（一）墓葬形制

单室砖室墓，墓向143°。墓室平面呈长方形，四壁仅存3层砖，残长1.5、宽0.9米（图二八；彩版四二：2）。

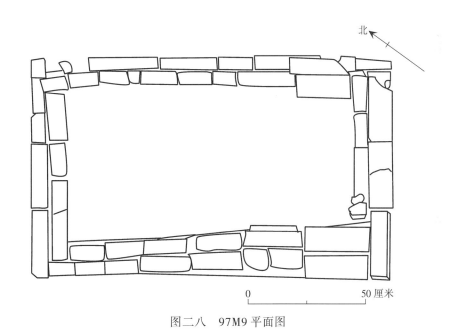

图二八　97M9平面图

（二）出土器物

墓室内经过严重破坏，未发现出土器物。

第三章 结 语

第一节 墓葬年代

黑松林土墩共发现墓葬9座。其中，97M1出土墓志，据志文可知，男、女墓主分别卒于嘉靖十年（1531年）和正德十六年（1521年），故此墓年代为明代中晚期；97M2为并列双室石顶砖室墓，这种墓葬形制在南方地区主要流行于北宋中后期到南宋前段[1]，墓室中出土数十枚铜钱，除开元通宝外，均为北宋钱币，其中最晚的为宋徽宗宣和通宝，因此，97M2的年代大致为北宋末至南宋初。

97M3为前后室砖室墓，均为"叠涩盘砌"穹隆顶；97M4为前横堂双后室砖室墓，均为券顶；97M6为单室砖室墓，四角攒尖顶或盝顶；97M7、97M8破坏较甚，情况不明。一般认为，穹隆顶砖室墓出现于东汉中晚期，南方地区至孙吴晚期开始流行"四隅券进"式穹隆顶[2]。虽然苏州地区目前所知最早的"四隅券进"式穹隆顶墓应是狮子山M2，年代为西晋元康三年（293年）[3]，但长江下游

---

〔1〕 秦大树《宋元明考古》，第152、153页，文物出版社，2004年。

〔2〕 赵胤宰《长江中下游汉六朝砖墓的建筑结构与技术研究》，第278~280页，北京大学博士学位论文，2007年。

〔3〕 吴县文物管理委员会《江苏吴县狮子山西晋墓清理简报》，《文物资料丛刊》（3），文物出版社，1980年。

其他地区在孙吴中期即已出现"四隅券进"式穹隆顶砖室墓[1]。

黑松林土墩与 2016 年发掘的虎丘路新村土墩仅一路（虎丘路）之隔。中心大墓 97M4 出土的石案榻组合与虎丘路新村土墩 M1 出土的石案榻组合几乎完全一致，而虎丘路新村土墩 M1 出土石屏组合（石屏、兽形石座、U 形石座）的形制与 97M4 所出同类器相似[2]，且该墓也出土了鎏金五铢钱。97M6 出土的釉陶灶、甑，97M3 出土的陶案、案足，以及 97M7 出土的陶耳杯等，亦均与虎丘路新村土墩 M1 出土的同类器相似。同时，97M4 的石门结构、青砖尺寸及铺地砖铺设方法与虎丘路新村土墩 M1 非常相近。此外，97M4 出土石屏的边饰与朱鲔石室[3]、沂南画像石墓[4]等画像边饰较为相似。

综上所述，黑松林墓地 97M3、97M4、97M6、97M7 的年代应大致与虎丘路新村土墩 M1 相近，为三国孙吴时期墓葬。97M8 虽被破坏较甚，但其紧邻97M7，未见打破关系，规模相类，也应为同时期墓葬。

97M5 已被破坏殆尽，其西侧被 97M4 叠压。根据层位关系，并结合墓砖尺寸和出土的陶罐推测，该墓年代可能为东汉时期。

97M9 被严重破坏，未见出土器物。根据残存墓砖的尺寸及形态（有长方形砖与条砖两种）初步判断，其年代可能为宋元时期。

第二节　"周公墩"与"吴天墩"

黑松林中心大墓 97M4 位于土墩中心位置，全长约 12 米，占地面积 80 余平

〔1〕　罗宗真《六朝考古》，第 117、118 页，南京大学出版社，1994 年。

〔2〕　苏州市考古研究所《江苏苏州虎丘路新村土墩三国孙吴 M1 发掘简报》，《东南文化》2019 年第 6 期。该墓简报发表时，墓内所出石案、石榻及石屏尚在修复，文中未能报道。目前，石构件均已完成修复工作，资料现存苏州市考古研究所。

〔3〕　山东省石刻艺术博物馆《朱鲔石室》，文物出版社，2015 年。

〔4〕　南京博物院、山东省文物管理局《沂南古画像石墓发掘报告》，文化部文物管理局，1956 年。

方米，是目前苏州地区发现的单体建筑面积最大的一座砖室墓，加之墓内设置有石门并随葬多件石质家具明器，说明墓主等级很高。1997 年，苏州博物馆工作人员在发掘黑松林墓地时曾对周边地区进行走访，有当地居民称黑松林为"吴天墩"。而黑松林 97M1 出土的《周寻乐室人陈氏墓志铭》记载墓主"卒于正德十六年正月初七日，葬武丘乡周公墩，从祖兆也"，说明"黑松林"之名并不久远，至少在明代，该土墩名为"周公墩"。

虎丘路新村土墩曾发掘六朝早期规格较高的墓葬 5 座，其中心大墓 M1 墓室南北长 14.2、东西宽 9.7 米，前室带两个耳室，M5 发现有"吴侯"字样铭文砖[1]。2016 年，苏州市考古研究所工作人员对虎丘路新村土墩周边地区进行了走访，当地居民称该土墩为"西吴天墩"，并称黑松林土墩为"东吴天墩"。2017年初，虎丘路新村土墩发掘时发现了南宋嘉定十三年（1220 年）葛南寿墓志，其中有"……葬于武丘吴天之墩"的记载[2]，可以得知"吴天墩"之名由来已久。结合考古发掘资料，虎丘路新村土墩应为一处重要的孙吴宗室墓地。

黑松林和虎丘路新村两座土墩主体墓葬年代均为三国孙吴时期。虎丘路新村土墩 M1 之下发现有汉代残墓，黑松林 97M3 与 97M4 之间发现的 97M5 大体也为汉代，97M5 西部被 97M4 叠压。由此说明，黑松林土墩和虎丘路新村土墩在三国孙吴时期营建以前已经为茔地，两座土墩均是利用已有的墓地改建而成。

相隔 20 年的两次考古发掘，基本厘清了一个问题，即黑松林土墩原名"周公墩"，虎丘路新村土墩原名"吴天墩"。由于两墩距离较近，直线距离仅约 250 米，后人对两墩名称有所混淆。考虑到墓葬的规模和时代，让人不禁联想到三国时期的"孙郎"与"周郎"。

〔1〕　苏州市考古研究所《江苏苏州虎丘路新村土墩三国孙吴 M1 发掘简报》，《东南文化》2019 年第 6 期；苏州市考古研究所《江苏苏州虎丘路新村土墩三国孙吴 M5 发掘简报》，《东南文化》2020 年第 6 期。
〔2〕　何文竞、张铁军《苏州市虎丘路新村土墩新发现南宋葛氏家族墓志》，《苏州文博论丛（2019 年）》，文物出版社，2020 年。

第三节　六朝墓中的"砖台"与"砖榻"

　　中国古代砖室墓中砖台的出现始见于东汉时期。早在 20 世纪 50 年代中期，便已有学者注意到这一现象，认为"在东汉到六朝时代的砖室墓葬中，很多是砌有砖台的，这可能是当时的一个特点"[1]。如洛阳烧沟东汉建宁三年（170 年）墓（M1037）前室左侧（西侧）的近方形砖台[2]、洛阳东汉光和二年（179 年）王当墓西耳室西壁的条形砖台[3]、洛阳涧西七里河东汉墓前室西侧的长方形砖台[4]等。到了孙吴、两晋时期，砖台的使用更是盛行于广大的南方地区，成为这一时期砖室墓内部结构的一个重要特征。

　　经过此后数十年的资料积累，学术界对砖台性质的认识也在不断深化，主流观点一般认为砖台即是"祭台"，与一些墓葬中的石板、案、几、榻等具有相同的功能[5]。此次黑松林墓地 97M3、97M6、97M7 三墓墓室中均有砖台的设置，其中保存较完整的 97M3 的砖台和 97M6 的砖台都在四角用砖仿制成足状。这些信息可以帮助我们理解六朝墓葬中砖台的性质，即这类砖台应该就是现实生活中"床榻"的对应物，称之为"砖榻"当更为妥帖。另外，虎丘路新村 M1 及黑松林 97M4 均为各自墓地的中心大墓，墓内皆用石案、石榻，而周围墓葬则用砖榻，这种差别可能是墓主身份等级上的差异所致。

〔1〕　胡继高《记南京西善桥六朝古墓的清理》，《文物参考资料》1954 年第 12 期。
〔2〕　洛阳区考古发掘队《洛阳烧沟汉墓》，第 76~78 页，科学出版社，1959 年。
〔3〕　洛阳博物馆《洛阳东汉光和二年王当墓发掘简报》，《文物》1980 年第 6 期。
〔4〕　洛阳博物馆《洛阳涧西七里河东汉墓发掘简报》，《考古》1975 年第 2 期。
〔5〕　齐东方《中国古代丧葬中的晋制》，《考古学报》2015 年第 3 期。

附录一

苏州地区六朝墓综述

何文竞（苏州市考古研究所）

徐苏君（苏州市文物保护管理所）

一　苏州地区六朝墓的发现情况

自 1958 年木渎五龙山发现东晋太元十三年（388 年）纪年墓（图一、二）[1]
以来，苏州地区发现的可供查阅的六朝时期墓葬[2]已逾 80 座（附表）[3]。其中，
平门城墙一带历年来共发现六朝墓 40 余座，是苏州地区该时期墓葬分布最为集
中的一个区域，其余主要分布于苏州古城周边的土墩、土山之中（图三）。苏州
辖县市以常熟市发现六朝墓为最多，但惜多未经正式发掘。六十余年来，苏州地
区重要的六朝墓主要有以下几处。

---

[1]　钱镛《苏州市五龙山发现晋代墓葬》，《文物》1959 年第 2 期。

[2]　孙氏集团自兴平二年（195 年）孙策立足江东开始控制江南地区，至黄龙元年（229 年）孙权称帝，
　　　前后长达 34 年，理论上自 195 年至 220 年属于东汉，221 年至 229 年称帝前，孙权向曹魏称臣，
　　　名义上属曹魏。在没有纪年材料的情况下，东汉晚期墓葬无论是形制还是器物类型都与孙吴早期很
　　　难区分，因此，本文在研究过程中，将苏州地区时代上有争议的几座墓葬（黑松林 97M4、青旸地
　　　M1~M3 及虎丘五队多室墓等）也纳入孙吴墓进行叙述。

[3]　平门城墙于 20 世纪 70 年代发现六朝墓 30 余座，但由于资料多未发表，表中未完全统计。另外，
　　　苏州六朝时期土坑墓情况目前尚不明确，从已发表的资料看，数量似乎不多，介绍中也往往只是一
　　　笔带过。

图一　五龙山东晋太元十三年墓墓门　　　　图二　五龙山东晋太元十三年墓铺地砖

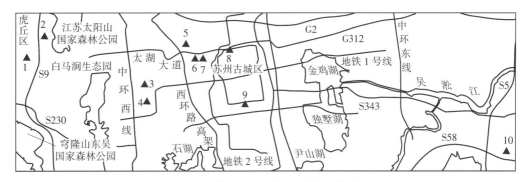

图三　苏州地区六朝墓分布示意图

1.五龙山晋墓　2.东渚宝山墓群　3.何山晋墓群　4.狮子山晋墓群　5.宋家坟六朝墓　6.虎丘路新村墓群
7.黑松林墓群　8.平门城墙墓群　9.青旸地墓群　10.张陵山墓群

（一）平门城墙墓群

1959 年 2 月，在拆除平门西面城墙时，在城墙中发现一批六朝时期的小型砖室墓（图四），出土青瓷器、铜器、陶器和铜钱等[1]。1975 年 8 月至 1976 年 7 月，苏州木材公司为扩大木材堆放场地，经有关部门批准，对平门城墙进行推土平场，苏州博物馆配合考古发掘，在城墙中发现六朝墓 32 座，其中土坑墓 3 座、

---

〔1〕　钱镛、黄正祥《苏州城墙中发现六朝古墓葬》，《文物》1960 年第 1 期。

图四　平门城墙六朝砖室墓墓壁

砖室墓 29 座，出土青瓷器、铜镜、铜钱等[1]。2005 年，为配合平门平四路垃圾中转站建设，苏州博物馆对建设区域进行了抢救性发掘，又在城墙中发现六朝墓 2 座[2]。以上这三次发现位置相近，均在平门附近的城墙之中，应属于同一墓葬区，同时也表明平门一带六朝时期城墙已被严重破坏，局部成为土丘，作为墓葬区使用。

（二）狮子山墓群

1976 年 3 月，吴县枫桥林场平整山地时发现西晋墓 3 座，为配合农田建设，吴县文物管理委员会对其进行了清理。发掘情况表明，M1、M2 均为双室墓，不同的是 M1 后室为船形并带有一个小耳室，前、后室均为"四面券进"式穹隆顶；M2 不带耳室，前、后室为"四隅券进"式穹隆顶。M3 早年被盗，破坏严重。三座墓出土器物以青瓷器为主，另见少量铜器、铁器和金器。因 M2 中出土有"元康三年四月六日庐江太守东明亭侯主簿高敕作"铭文砖，发掘者认为这三座墓的墓主"很可能是傅长虞及其家属"[3]。1979 年 1 月，吴县文物管理委员会在狮子山 M2 西南 10 米处又清理出 M4，全长 9.18 米，前、后室均为券顶，出土

〔1〕　苏州博物馆《苏州平门城墙的发掘》，《苏州文物资料选编》，1980 年。
〔2〕　苏州博物馆《平四路垃圾中转站抢救性发掘简报》，《苏州文物考古新发现——苏州考古发掘报告专辑（2001~2006）》，古吴轩出版社，2007 年。
〔3〕　吴县文物管理委员会《江苏吴县狮子山西晋墓清理简报》，《文物资料丛刊》（3），文物出版社，1980 年。

器物包括青瓷堆塑罐、三足盘、灶、盘口壶、鸡笼等[1]。

（三）何山晋墓

1978年7月，南京博物院对苏州市地区党校在吴县枫桥何山基建施工中发现的一座古代墓葬进行了清理。该墓平面呈"凸"字形，顶部为"四隅券进"式穹隆顶，总长6.3米，墓室边长约4米，出土青瓷鸡首壶、盘口壶、唾壶、碗及白玉印章等[2]。1980年8月27日，吴县枫桥水泥厂在何山取土时发现一座晋代残墓，破坏严重，仅存铺地砖，但墓葬中仍出土器物22件，包括青瓷堆塑罐、壶、洗、灶、猪圈等，年代应在西晋晚期至东晋早期[3]。

（四）盘门外青旸地墓群

青旸地土墩原位于苏州第一丝厂内（相传为孙坚、孙策墓，早年土墩背面立有吴中保墓会吴荫培题写的"汉故破虏将军孙坚孙策碑"），1970~1973年，土墩中曾发现过一些六朝时期的铭文砖、水盂、黑釉罐、铜镜等。由于染丝厂施工建设，1981年3月，苏州博物馆考古组对土墩进行了清理发掘，共发现汉代砖室墓3座、船形六朝墓（可能属于南朝时期）2座，出土青瓷五联罐、五铢钱等[4]。其中，"一号汉墓"残长近6米，"二号汉墓"由前室、左耳室、后室组成，全长应在8米以上[5]。

（五）张陵山墓群

张陵山墓群位于苏州东南约25公里的甪直镇，20世纪70年代末由南京博物院和苏州文物考古部门合作发掘，共清理砖室墓5座。其中，M1、M4、M5

［1］　吴县文物管理委员会《江苏吴县狮子山四号西晋墓》，《考古》1983年第8期。
［2］　南京博物院《江苏吴县何山东晋墓》，《考古》1987年第3期。
［3］　吴县文物管理委员会《江苏省吴县何山出土晋代青瓷器》，《苏州文博通讯》1982年第2期。
［4］　苏州博物馆考古组《"孙坚孙策"墓的清理和看法》，《苏州文博通讯》1982年第6期。
［5］　原报告认为墓葬的年代为东汉晚期至孙吴时期，考虑到没有纪年材料的情况下，一些东汉晚期与三国早期的资料较难区分，暂将其纳入六朝早期资料进行研究。

为"凸"字形单室墓；M2形制稍大，为前、后室墓，前室带一小耳室；M3为多室墓，通长近13米，据此推测墓主身份应不低。这批墓葬虽都被严重破坏，但仍出土了不少重要青瓷器、石雕等，特别是M4出土的"张镇墓志"，保存完整，字迹清晰，历来为学界所重视[1]。

（六）黑松林墓群

黑松林土墩位于现虎丘路留园派出所附近。1997年5月，为配合基本建设，苏州博物馆考古部共清理墓葬9座，其中97M3、97M4、97M6~97M8被定为三国时期墓葬（图五）。97M4由甬道、横前室、双后室组成，全长11.8米，横前室宽6.34、进深3.66、高3.6米，前室顶部有彩绘壁画痕迹，对称双后室有石门楣、

图五 黑松林97M3、97M4远景

〔1〕 南京博物院《江苏吴县张陵山张氏墓群发掘简报》，《南方文物》2005年第4期；吴县文管会《吴县张陵山发现晋代铭文砖》，《东南文化》1985年第1期；邹厚本《东晋张镇墓碑志考释》，《文博通讯》1979年总第27期。

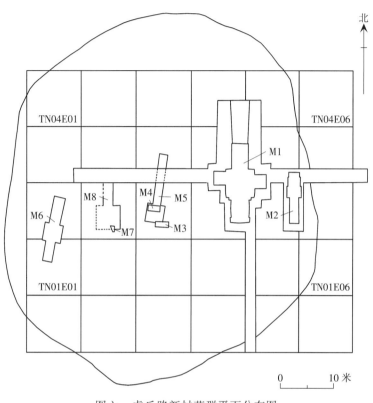

图六　虎丘路新村墓群平面分布图

门柱、棂窗，门楣及门柱上有人物、云气阴刻画像。97M3 在 97M4 东侧，为前、后室穹隆顶砖室墓，穹隆顶上盖大青石，全长 9.6 米。97M6 主墓室为叠涩顶，南侧、西侧各有一券顶耳室。97M7、97M8 均为穹隆顶单室墓，破坏严重[1]。

（七）虎丘路新村墓群

2016 年 7 月至 2018 年 4 月，为配合基本建设，苏州市考古研究所对虎丘路西侧的土墩进行了考古发掘，该土墩距黑松林墓群仅约 200 米，共清理砖室墓 8 座（图六），其中六朝墓 5 座（M1、M2、M5、M6、M8）[2]。M1 由甬道、石门、前室、东耳室、西耳室、后室组成，全长 14.2、宽 9.7、残高 4.2 米，出土

〔1〕　徐亦鹏、钱公麟《苏州考古》，第 191、192 页，苏州大学出版社，2000 年。
〔2〕　苏州市考古研究所《2017 年苏州考古工作年报》，2018 年。

青瓷器、陶器、金器等 66 件（组）[1]。M2 位于 M1 东侧，顶部被破坏，由墓门、石门、甬道、前室、过道、后室组成，全长 9.1、宽 3.2、残高 2.4 米，出土青瓷器、铜器、金银器等 83 件（组）。M5 位于 M1 西侧，平面呈"凸"字形，墓室内边长 3.6 米，墓砖印有"吴侯"字样[2]。M6、M8 破坏严重。

除上述墓葬外，苏州地区有迹可循的六朝墓还有虎丘半塘高邮墩三国墓、平门西塘木材仓库墓、平门北码头墓、平门城墙内三国墓、苏州冶金厂东晋墓、娄葑天宝墩东晋墓、马墩东晋墓、钟表材料二厂东晋墓等；常熟地区是苏州周边发现六朝墓比较集中的区域，主要有石梅太康三年（282 年）墓、莫城凌桥村黄土山永嘉六年（312 年）墓、福山苏桥村西晋墓、大义乡小山村西晋墓、福山苏桥村东晋墓、福山南沙村东晋墓、练塘乡建元二年（366 年）墓[3]。另外，在东渚镇宝山曾发现过"凸"字形晋墓及数座船形小墓，该"凸"字形墓出土有"顾楮、顾叔声"五面铜印[4]。近年发掘的六朝墓主要有虎丘宋家坟 M37、M39[5] 及姑苏区大龙港遗址发掘的 M2[6] 等。

二　研究背景

在以往的六朝时期墓葬研究中，由于苏州地区资料的相对匮乏，学者们在研究过程中往往只能将苏州纳入广义的吴郡地区，用周边的资料作为补充[7]，或按

〔1〕　苏州市考古研究所《江苏苏州虎丘路新村土墩三国孙吴 M1 发掘简报》，《东南文化》2019 年第 6 期。

〔2〕　苏州市考古研究所《江苏苏州虎丘路新村土墩三国孙吴 M5 发掘简报》，《东南文化》2020 年第 6 期。

〔3〕　徐亦鹏、钱公麟《苏州考古》，第 192~200 页，苏州大学出版社，2000 年。

〔4〕　江苏吴县文管会《东晋顾楮墓在吴县出土》，《东南文化》1991 年第 6 期。

〔5〕　张铁军《关于苏州高台汉墓的思考——以虎丘宋家坟为例》，《江苏省考古学会文集（2015~2016）》，上海古籍出版社，2018 年。

〔6〕　苏州市考古研究所《2019 年苏州考古工作年报》，2019 年。

〔7〕　由于东吴时期墓葬资料的缺乏，韦正使用浙江嵊州、杭州及江苏句容的墓葬资料作为补充，研究从"建业到吴郡""四隅券进"式穹隆顶与弧形墓壁之间的关系。参见韦正《六朝墓葬的考古学研究》，第 125、126 页，北京大学出版社，2011 年。

照现代的行政区域划分，把苏州作为江苏的一部分对六朝时期京畿一带墓葬形制的演变进行描述[1]，抑或根据自然地理特点将苏州放入太湖流域，作为宁镇地区六朝考古的外围综合讨论[2]等。造成苏州地区六朝时期墓葬资料缺乏的原因主要有以下三点。

第一，早期的考古资料少，且一些公开发表的资料过于简单，经常仅以简讯的方式进行报道，多数既无线图，也无照片，很难进行深入研究。如，1958 年在苏州木渎五龙山发现的东晋太元十三年墓，发表的资料只有 200 余字[3]；1959 年在苏州城北平门西面城墙中发现的一批小型六朝砖室墓，尽管出土器物有 40 余件，报道却不足 200 字[4]；1960 年在苏州齐门城墙发现的一座六朝券顶砖室墓，出土青瓷器、铜镜、五铢钱等，资料全文也不过 250 余字[5]。

第二，部分墓葬由于时代原因，未经科学考古发掘，仅仅收集了墓葬中的重要文物。如，20 世纪七八十年代在常熟莫城、福山、大义乡、练塘乡等地发现过数座两晋时期墓葬，大多出土了青瓷器，部分文物现藏于常熟博物馆，简单的墓葬信息仅见于《苏州考古》一书"青瓷文化"部分的相关章节；又如，1984~1992 年，张家港市河阳山一带因镇办窑厂取土，经常发现汉代至六朝时期墓葬，经科学考古发掘并发表简报的仅 1 座[6]。

第三，一些发掘工作由于年代较早，经费短缺、人员不足、工期紧张和安全

〔1〕 罗宗真、王志高将江苏作为长江下游的一个区，认为孙吴、西晋砖室墓类型复杂多样，砖台大多设于前室，部分墓葬设有灯台、壁龛、假窗、排水沟等。参见罗宗真、王志高《六朝文物》，第 114~119 页，南京出版社，2004 年。
〔2〕 苏州当地学者认为太湖流域多室墓都是西晋墓，规模较大，"凸"字形或刀形墓两晋均有，东晋后以"凸"字形单室墓为主。参见张志新《太湖流域的晋代墓葬》，《吴史漫考》，古吴轩出版社，2006 年。
〔3〕 钱镛《苏州市五龙山发现晋代墓葬》，《文物》1959 年第 2 期。
〔4〕 钱镛、黄正祥《苏州城墙中发现六朝古墓葬》，《文物》1960 年第 1 期。
〔5〕 王德庆《苏州城墙中发现砖室墓》，《文物》1960 年第 7 期。
〔6〕 张家港市文物管理委员会《张家港港口河阳山南朝墓清理简报》，《东南文化》1993 年第 5 期。

因素等各方面原因，造成考古资料未能及时收集整理，之后资料分散各处，时间越长，整理难度越大。如，1979 年 9 月，吴县甪直镇张陵山发现了几座晋墓[1]，出土了多块纪年砖、铭文砖和一块画像砖[2]，其中 M4 出土青石碑志 1 件，证明墓主为张镇夫妇[3]，是为数不多的早期出土碑志的墓葬，价值很高，《吴史漫考》一书收录的《太湖流域的晋代墓葬》一文曾引用过《吴县张陵山张镇家族墓的发掘》未刊稿。该墓地正式的发掘简报直到 2005 年才由南京博物院整理发表，但编者也提到"由于文物出土后多处保管，文字图片资料流失……"[4]1982 年 4 月，常熟石梅西晋太康三年墓出土罐、提梁香薰、鸡笼、猪圈、狗圈等一批精美的青瓷器，根据《苏州考古》参考资料部分，可知发掘报告已基本完成，但一直未能见到正式发掘资料的发表。1997 年，虎丘留园街道黑松林曾发掘墓葬 9 座，包括三国时期墓葬 5 座，其中 97M4 为横前室、双后室大型砖室墓，全长近 12 米；97M3 为前、后室均为穹隆顶的砖室墓，全长 9.6 米[5]，无论是墓葬规制还是出土器物，都是一批非常重要的考古资料，该墓群直到 2019 年才开始着手资料的整理和报告的编写工作。

　　其实，苏州本地研究者早在 20 世纪 80 年代中期就对苏州地区的六朝墓葬进行过一些研究，主要有丁金龙《试论苏州的六朝墓》以及陈兆弘、廖志豪《苏州地区的六朝墓葬》，两篇文章均对苏州地区早期的六朝墓葬资料进行了整理和分类研究，收集了不少早期的发掘资料，比较珍贵，但这两篇文章都是 1984 年江苏省考古学年会的参会论文，未能正式发表，传播有限，现已难得一见。另外，2000 年由徐亦鹏、钱公麟合编的《苏州考古》也有不少篇幅介绍苏

〔1〕　张志新《太湖流域的晋代墓葬》，《吴史漫考》，古吴轩出版社，2006 年。

〔2〕　吴县文管会《吴县张陵山发现晋代铭文砖》，《东南文化》1985 年第 1 期。

〔3〕　邹厚本《东晋张镇墓碑志考释》，《文博通讯》1979 年总第 27 期。

〔4〕　南京博物院《江苏吴县张陵山张氏墓群发掘简报》，《南方文物》2005 年第 4 期。

〔5〕　徐亦鹏、钱公麟《苏州考古》，第 191、192 页，苏州大学出版社，2000 年。

州地区六朝墓葬的相关资料，可惜基本没有照片和绘图信息的披露，不便进行深入研究。

三　苏州地区六朝墓的形制

由于苏州地区经正式考古发掘的六朝时期墓葬数量有限，纪年墓更为少见，因此，只能大体上看出从孙吴、西晋至东晋、南朝时期墓葬有由繁变简的趋势，进行类型学分析的时机尚不成熟。现将年代比较可信的墓葬挑选出来，按历史时代，进行简要描述（图七）[1]。

（一）东汉晚期至孙吴早期

1. 横前堂、双后室墓

目前发现的主要有黑松林 97M4 和虎丘半塘高邮墩三国墓。黑松林 97M4 体量庞大，有石质门窗结构、阴刻画像及壁画痕迹，随葬石屏、石榻、石案。虎丘半塘高邮墩三国墓，具体位置和发掘年代不详，墓葬大体位于山塘街半塘附近。墓葬总长 9.5、宽 4.71、高 1.43 米，甬道长 1.47、宽 1.86 米。墓室分前后两室，均为券顶。根据墓葬平面图，该墓为前堂后室墓，整体呈"凸"字形，后室由两个大小不等的长方形墓室构成，墓葬规模较大，总占地面积约 50 平方米。

2. 前、后双室墓

前、后双室墓总长度一般在 7 米以上，部分带有耳室，多有石质门窗结构并随葬石榻、石案。代表墓葬有虎丘五队多室墓、青旸地汉 M2、虎丘新塘六队墓。

3. 单室墓

这类墓葬数量最多，多以木板为盖，少量用砖顶。代表墓葬有长青单室墓、

---

[1]　黑松林 97M4、97M6 根据黑松林墓葬总平面图改绘，青旸地汉 M2、长青单室墓、平门城墙 M9、常熟石梅西晋墓、苏州冶金厂晋墓根据文字描述绘制，虎丘路新村 M1、M2、M5 根据土墩总平面图改绘，狮子山 M1 和 M4、何山 78M、张陵山 M3、张家港河阳山南朝墓 M1 根据发掘简报绘制。

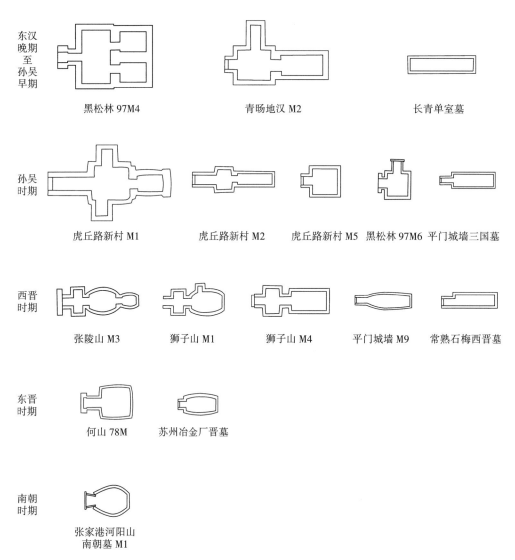

东汉 晚期 至 孙吴 早期	黑松林 97M4	青旸地汉 M2	长青单室墓		
孙吴 时期	虎丘路新村 M1	虎丘路新村 M2	虎丘路新村 M5	黑松林 97M6	平门城墙三国墓
西晋 时期	张陵山 M3	狮子山 M1	狮子山 M4	平门城墙 M9	常熟石梅西晋墓
东晋 时期	何山 78M	苏州冶金厂晋墓			
南朝 时期	张家港河阳山 南朝墓 M1				

图七　苏州地区六朝时期砖室墓平面结构示意图

破虏墩 M2 等[1]。

（二）孙吴时期

1. "十"字形墓

目前仅见 1 座，即虎丘路新村 M1。该墓由甬道、前室、前室东西耳室、后

---

[1]　徐亦鹏、钱公麟《苏州考古》，第 186、187 页，苏州大学出版社，2000 年。

室组成，总长逾 14 米，等级较高。

2. 前、后室墓

此类墓墓长约 9 米，通常后室长于前室，前室与后室宽度相当或前室稍宽。代表性墓葬有虎丘路新村 M2、黑松林 97M3。

3. "凸"字形墓

此类墓有三种形制。其一，墓室平面近正方形，除去甬道后，墓室长、宽大体相当，以黑松林 97M8、虎丘路新村 M5 为代表；其二，墓室平面近正方形，带有耳室，以黑松林 97M6、97M7 为代表；其三，墓室平面呈长倍于宽的长"凸"字形，以平门城墙三国墓为代表。

（三）西晋时期

1. 多室墓

以张陵山 M3 最具代表性。该墓长近 13 米，由前室、中室、后室三部分组成。

2. 前、后室墓

此类墓通常长 8~9 米，有两种形制。其一，后室墓壁呈弧形，一侧带一小耳室，以狮子山 M1 为代表；其二，前、后室平面均呈长方形，不带耳室，墓顶为穹隆顶或券顶，以狮子山 M2、M4 为代表。

3. 船形墓

墓室平面呈船形，以平门城墙 M9 为代表，墓长 4.3 米。

4. 刀形墓

此类墓由甬道和墓室组成，平面呈刀形，以常熟石梅晋墓为代表，该墓墓室全长 5.3 米。

（四）东晋时期

"凸"字形墓。此类墓有两种形制。其一，墓室平面近方形，四壁略外弧，总长约 6 米，以何山 78M 和张陵山 M1、M4、M5 及东渚宝山东晋墓为代表；其二，墓室平面呈长倍于宽的长"凸"字形，长近 5 米，以苏州冶金厂晋墓为代表。

（五）南朝时期

船形单室墓。以张家港河阳山 M1、青旸地六 M1 为代表，墓长 5~6 米。

此外，整个六朝时期小型墓葬应是以长方形单室券顶砖室墓和竖穴土坑墓为主，如平门城墙 32 座六朝墓中，除 3 座为土坑墓外，其余 29 座砖室墓绝大多数都是长方形券顶墓，但由于小型墓葬通常不受重视，特别是小型土坑墓可供研究的资料更少。

四　苏州地区六朝砖室墓的特点

综合苏州地区资料来看，由于纪年墓数量的不足，为研究该地区六朝时期砖室墓的特点及演变规律造成了一定困难，有待今后考古工作的更加深入来弥补目前的不足。就现有资料来看，苏州六朝砖室墓大致有以下几个特点。

第一，苏州地区六朝墓主要分布于城市周边的土墩或土山山坡中，多成群出现，是"聚族而葬"的表现，此为整个六朝时期南方地区墓葬的共同特点。

第二，六朝最早期的大、中型砖室墓继承了东汉时期的特点，但个体间差异较大，形制不统一，多为多室墓，常带有耳室，其影响力一直延续至西晋时期。六朝早期墓顶主要以券顶和"四面券进"式穹隆顶为主，见有个别叠涩顶，约在西晋时期开始出现"四隅券进"式穹隆顶，但与宁镇地区、武昌地区[1]不同的是，"四隅券进"式穹隆顶在苏州地区始终未能成为绝对主流，"四面券进"

〔1〕　蒋赞初《长江中下游孙吴墓葬的比较研究》，《东南文化》1998 年增刊 2。

式穹隆顶、攒尖顶、券顶生命力依然顽强。总体而言，苏州六朝早期砖室墓形制相对比较"混乱"。

第三，相对于墓葬形制的"混乱"，六朝时期苏州地区砖室墓墓向及墓内陈设则呈现出一些规律。墓向多为南向或北向，但与时代早晚应无关联。早期大墓甬道、过道较多使用石门楣、门柱、门槛、门扇，石门旁边多设石棂窗，且墓室中常有石榻与石案组合，孙吴中晚期后，石质门窗逐渐消失，石榻、石案组合也渐被砖台所取代[1]。六朝早期砖室墓少见排水沟，多以中间高、四周低的方式排水，至东晋时期张镇家族墓开始在墓内四周留有排水沟[2]，或许是早期排水方式的一种延续。

第四，苏州六朝大、中型墓葬的发现多集中在孙吴时期至西晋时期，造成这种现象的原因主要是孙吴时期苏州城市地位高，吴县作为吴郡的治所，在整个孙吴时期都有部分宗室成员居住[3]，一直是孙吴政权的几个核心城市之一。两晋之后，由于孙氏政权的瓦解和战乱的不断破坏，苏州城市地位开始下降，大型墓葬几乎不见。当然，整个六朝时期门阀大姓如陆氏、顾氏、张氏等世居苏州[4]，理应葬在苏州，因此，从孙吴到东晋、南朝，墓葬形制呈现由多室墓向单室墓发展的趋势，也是六朝中晚期大型墓葬缺失的一个重要原因。

---

〔1〕 虎丘五队汉墓、青旸地汉 M2、黑松林 97M4 都有石质门窗、榻、案等，虎丘路新村 M1、M2 有石门结构，且虎丘路新村 M1 有石兽出土，应与石榻、屏风有关，至狮子山晋墓 M1、M4 前室两边都砌有"砖台"。纵观长江中下游东汉晚期至南朝时期的墓葬资料，墓葬随葬榻、案似有从汉代的石榻、石案、石屏风组合演变为孙吴、西晋时期的砖台，再发展成东晋时期的陶榻、砖台，到南朝时又变为石榻的发展规律，但此时的榻已经多带有插屏了。

〔2〕 南京博物院《江苏吴县张陵山张氏墓群发掘简报》，《南方文物》2005 年第 4 期。

〔3〕 《三国志·吴书》记载孙权称帝后，孙策子孙绍、孙登子孙英、孙霸子孙基先后担任吴侯；《三国志·吴书·嫔妃传》亦载，孙权徐夫人被废后居于吴。参见《三国志》，中华书局，1971 年。

〔4〕 （宋）范大成《吴郡志》卷二○至二三，江苏古籍出版社，1999 年。

附表　苏州地区六朝墓统计表

地点	墓号	形制	墓向	尺寸	墓顶结构	石质材料	墓主	时代
虎丘五队多室墓	无	前室、后室及耳室	不详	前室长4.8、宽3米，后室呈弧形，长3.5、宽2.9米	"四角券进"式穹隆顶	石门、石案、石几	不详	东汉
虎丘新塘六队墓	无	前室、后室	不详	前室长3.1、宽2.12米，后室长3.28、宽2.42米	穹隆顶	不详	不详	东汉
虎丘黑松林六朝墓	97M3	前室、后室	173°	全长9.6米，前室长3.66、宽3.2、高3米，后室长3.6、宽3.2米	前后室均为穹隆顶，顶盖大青石	不详	不详	三国时期
	97M4	横前室、双后室	180°	全长11.8米，横前室长3.66、宽6.34、高3.6米，对称双后室，长3.9、宽2.35、高2.75米	墓室、甬道均为双重拱券顶	石门、石棂窗	不详	三国时期
	97M6	单室带南耳室、西耳室	96°	墓室长3.12、宽3.25、高2.2米	叠涩顶	不详	不详	三国时期
	97M7	单室	不详	墓室长4.2、宽3.6米	穹隆顶	不详	不详	三国时期
	97M8	单室	不详	墓室长4.05、宽3.5米	穹隆顶	不详	不详	三国时期
虎丘半塘高邮墩墓	无	前室、后室	不详	全长9.5、宽4.71、高1.43米	前后室均为券顶	不详	不详	三国时期
平门西塘木材仓库墓	无	长方形单室	不详	长2.86、宽0.46、高0.6米	平顶	不详	不详	三国时期
平门北码头墓	无	长方形单室	不详	长3.38、宽2.13、高0.98米	龟背形券顶	不详	不详	三国时期
平门城墙内三国墓	无	"凸"字形单室	不详	总长5.4、宽2.04米，甬道长2.13、宽1.26米	不详	不详	不详	三国时期

纪年材料	主要随葬器物	砖的尺寸（厘米）	备注	材料出处
无	陶鸟、熊、兽	不详	墓室四周边微下斜	苏州博物馆考古组《"孙坚孙策"墓的清理和看法》，《苏州文博通讯》1982年第6期；徐亦鹏、钱公麟《苏州考古》，苏州大学出版社，2000年
无	红陶案、耳杯、盘及铜镜、五铢钱	不详		
无	青瓷盏、洗、瓮及陶案、铜钱等	38~39×17.5~18×5~5.5		
无	青瓷罐、双耳罐、碗及石屏、案榻、座等	不详	前室墓顶有彩绘壁画痕迹，后室门框有阴刻人物、云气画像	徐亦鹏、钱公麟《苏州考古》，苏州大学出版社，2000年；《苏州郊区志》，上海社会科学院出版社，2003年
无	釉陶灶、青铜盖鼎、鎏金五铢钱等	不详		
无	陶耳杯、铜钱等	不详	破坏严重	
无	不详	不详	破坏严重	
无	青瓷器	不详		
无	不详	不详		徐亦鹏、钱公麟《苏州考古》，苏州大学出版社，2000年
无	不详	不详		
无	不详	不详		

地点	墓号	形制	墓向	尺寸	墓顶结构	石质材料	墓主	时代
平门城墙墓	M17	长方形单室	30°	长 3.1、宽 1、高 0.8 米，前方有长 0.64、宽 0.7 米的一层铺地砖	不详	不详	不详	孙吴时期
	M9	船形单室	20°	长 4.3、宽 1.15~1.8、残高 0.5 米	不详	不详	不详	西晋
	M37	单室	25°	长 3.6、宽 0.98、残高 0.6 米	不详	不详	不详	西晋
虎丘路新村墓群	M1	墓道、甬道、前室、东耳室、西耳室、后室	0°	墓道残长 9 米，砖室南北长 14.2、东西宽 9.7、残高 4.2 米	"四面券进"式穹隆顶	两道石门，石兽座	不详	孙吴时期
	M2	甬道、前室、后室	0°	南北长 9.1、东西宽 3.2、残高 2.4 米	不详	石门	不详	孙吴时期
	M5	"凸"字形单室	8°	墓室内边长 3.6 米	不详	不详	疑为吴侯	孙吴时期
	M6	甬道、前室、后室	4°	南北长 7.6、东西残宽 2.83 米	不详	不详	不详	六朝
	M8	"凸"字形单室	0°	南北长 5.55、东西残宽 3.05 米	不详	不详	不详	孙吴时期

续附表

纪年材料	主要随葬器物	砖的尺寸（厘米）	备注	材料出处
无	青瓷壶、青瓷罐、青瓷碗、陶水盂、陶罐、铜铃等	不详	侧身直肢葬	苏州博物馆《苏州平门城墙的发掘》，《苏州文物资料选编》，1980 年
无	青瓷壶、罐、碗、虎子及铜碗、铜镜等	不详		
无	青瓷罐、铜镜、金指环、金镯等	不详		
无	青瓷耳杯、魂瓶、灶、盘口壶、执壶、罐，陶案、楼，金鱼、金珠、金兽等	长方形砖： 40×20×4.5，33×16×5 楔形砖： 37×12（18）×5 刀形砖： 40×20×5（3.5）		苏州市考古研究所《江苏苏州虎丘路新村土墩三国孙吴 M1 发掘简报》，《东南文化》2019 年第 6 期；苏州市考古研究所《江苏苏州虎丘路新村土墩三国孙吴 M5 发掘简报》，《东南文化》2020 年第 6 期；苏州市考古研究所《2017 年苏州考古工作年报》，2018 年
无	青瓷罐、青瓷三足盘、铜兽形砚滴、铜熏、金步摇片、金手镯、银碗、银唾壶等	不详	女性	
"建兴二年"铭文砖	青瓷钵、硬陶鼎、硬陶盒、釉陶盖、金环	长方形砖： 35×16×5 楔形砖： 35×16（9）×5	"吴侯"铭文砖	
不详	不详	不详	墓砖上有手印	
不详	不详	不详	破坏严重	

地点	墓号	形制	墓向	尺寸	墓顶结构	石质材料	墓主	时代
盘门外青旸地墓群（"孙坚孙策"墓）	汉 M1	不详	5°	残长 5.95、残宽 2.63 米	不详	不详	不详	东汉至孙吴
	汉 M2	甬道、前室、左耳室、后室	不详	前室长 3.18、宽 3.15 米，左耳室长 2.1、宽 1.4 米，后室长 4.1、宽 2.56 米	不详	前后室均有石门、棂窗、石案、石几	不详	东汉至孙吴
	汉 M3	不详	不详	残长 0.5 米	不详	不详	不详	东汉至孙吴
	六 M1	船形单室	170°	长 6.2、内长 5.4、宽 3.24 米	不详	不详	不详	南朝
	六 M2	船形单室	约 170°	不详	不详	不详	不详	南朝
狮子山晋墓	M1	甬道、前室、船形后室，后室有左耳室	345°	全长 7.9 米	前、后室均为"四面券进"式穹隆顶	无	疑为东明亭侯傅长虞家族墓	西晋
	M2	甬道、前室、后室	0°	全长 9.01 米	前、后室均为"四隅券进"式穹隆顶	无		西晋
	M3	不详	不详	不详	不详	无		西晋
	M4	甬道、前室、后室	350°	全长 9.18 米	前、后室均为券顶	无		西晋

续附表

纪年材料	主要随葬器物	砖的尺寸（厘米）	备注	材料出处
无	漆皮、青瓷五联罐	37.5×18.5×5.5		苏州博物馆考古组《"孙坚孙策"墓的清理和看法》，《苏州文博通讯》1982年第6期；徐亦鹏、钱公麟《苏州考古》，苏州大学出版社，2000年
无	青瓷五联罐、五铢钱等	34.5×17×5		
无	不详	长38	破坏严重	
无	青瓷盘口壶、碗等	30.5×14.5×4.5	墓尾北部砖砌祭台、墓内有排水沟	
无	不详		结构与六M1相同	
"元康五年"纪年砖	青瓷堆塑罐、虎子、唾壶、簋、熏炉、仓、水注、多子格、钵等，铜灯座、鼎、盆，以及金钗、金环等	长方形砖：35×17×5 刀形砖：34×16.5×5（3.5）	前室左右各有一砖台	吴县文物管理委员会《江苏吴县狮子山西晋墓清理简报》，《文物资料丛刊》(3)，文物出版社，1980年；吴县文物管理委员会《江苏吴县狮子山四号西晋墓》，《考古》1983年第8期
"元康三年"纪年砖	青瓷堆塑罐、炉、洗、盘口壶、唾壶、灶、双系罐等，以及金钗、铜熨斗	长方形砖：34×16.5×5 刀形砖：34×16.5×5（3.5）		
无	青瓷堆塑罐、镌斗、炉等	长方形砖：35×17×5	严重破坏	
无	青瓷堆塑罐、三足盘、奁、钵形鼎、唾壶、盘口壶、瓿、灶、鸡笼、镌斗及铁镜、铁剑等	长方形砖：35×17×5 刀形砖：34×16.5×5（3.5） 楔形砖：35×18（10）×5.5	前室左右各有一砖台	

地点	墓号	形制	墓向	尺寸	墓顶结构	石质材料	墓主	时代
常熟石梅西晋墓	无	刀形单室	180°	甬道长1.7、内宽0.71、高1.4米，墓室全长5.3、宽1.84、高2.3米	券顶	无	不详	西晋
常熟莫城黄土山西晋墓	无	不详	不详	不详	不详	不详	不详	西晋
常熟福山苏桥村西晋墓	无	不详	不详	不详	不详	不详	不详	西晋
常熟大义小山村西晋墓	无	不详	不详	不详	不详	不详	不详	西晋
何山晋墓	78M	"凸"字形单室	150°	墓长6.3米，甬道长1.88、宽1.2米，墓室长3.9、宽4米	"四隅券进"式穹隆顶	不详	不详	东晋
	80M	不详	不详	不详	不详	不详	不详	晋
张陵山晋墓	M1	"凸"字形单室	北	通长6米，甬道长1.9、宽1米，墓室长3.5、宽3.2米	不详	不详	不详	晋
	M2	前室、后室，前室带耳室	西	通长6.6米，甬道长0.75、宽0.8米，前室长2.05、宽2.3米，后室长3.2、宽2.15米，耳室长1.1、宽0.7米	不详	不详	不详	西晋

纪年材料	主要随葬器物	砖的尺寸（厘米）	备注	材料出处
"太康三年"纪年砖	青瓷堆塑罐、灶、镰斗及铜镜等			徐亦鹏、钱公麟《苏州考古》，苏州大学出版社，2000 年
"永嘉六年"纪年砖	青瓷鸡首壶、双耳罐、辟邪烛插等		原文称出土"墓砖 1 块"，应为纪年砖	
无	青瓷盘口壶、卧茧形虎子、碗等			
无	青瓷堆塑罐、猪圈		文物现藏于常熟博物馆	
无	青瓷鸡首壶、盘口壶、唾壶、碗、盘、盆、奁、洗，陶碗、盘，以及白玉印章等	封门砖： 32×16×6 长方形砖： 32×16×6 楔形砖： 31×13（7）×6		南京博物院《江苏吴县何山东晋墓》，《考古》1987 年第 3 期
无	青瓷堆塑罐、盘口壶、唾壶等	不详		吴县文物管理委员会《江苏省吴县何山出土晋代青瓷器》，《苏州文博通讯》1982 年第 2 期
"永和十一年"铭文砖	青瓷碗	不详		南京博物院《江苏吴县张陵山张氏墓群发掘简报》，《南方文物》2005 年第 4 期；张志新《太湖流域的晋代墓葬》，《吴史漫考》，古吴轩出版社，2006 年
无	滑石猪、铜棺钉	不详	排水沟、砖砌棺床	

地点	墓号	形制	墓向	尺寸	墓顶结构	石质材料	墓主	时代
张陵山晋墓	M3	多室	近正南北	通长近 13 米，封门墙厚 0.9 米，甬道长 1.7、宽 1.05 米，横前堂长 1.05、宽 3.1 米，前室与中室间甬道长 1.05 米，中室长 4.2、宽 2.9 米，中室与后室间甬道长 1 米，后室长 2.2、宽 1.4 米	不详	不详	不详	晋
	M4	"凸"字形单室	正南北向	通长 7 米，甬道长 2 米，墓室长 4.25、宽 5.1 米	不详	不详	散骑常侍、建威将军、苍梧吴二郡太守、奉车都尉、兴道县德侯张镇	晋
	M5	"凸"字形单室	正南北向	通长 5.85 米，甬道长 1.5、宽 1 米，墓室长 3.6、宽 3.6 米	不详	不详	不详	晋
木渎五龙山墓	无	不详	不详	不详	不详	不详	陆陋？	东晋
苏州冶金厂东晋墓	无	"凸"字形单室	不详	甬道长 0.62、宽 0.83 米，墓室长 4.8、宽 2.5 米	不详	不详	不详	东晋
娄葑天宝墩东晋墓	无	单室带甬道	不详	甬道残，墓室长 4.64、宽 1.74 米	不详	不详	不详	东晋
常熟练塘乡东晋墓	无	不详	不详	不详	不详	不详	不详	东晋

续附表

纪年材料	主要随葬器物	砖的尺寸（厘米）	备注	材料出处
"元康九年"铭文砖	青瓷碗、砚、三足盆、杯盘、四系罐、盘口壶、魂瓶，仿青瓷象牙唾壶、画像砖及铭文砖	不详		南京博物院《江苏吴县张陵山张氏墓群发掘简报》，《南方文物》2005 年第 4 期；张志新《太湖流域的晋代墓葬》，《吴史漫考》，古吴轩出版社，2006 年
碑志（太宁三年）	青瓷唾壶、铜器盖、铭文砖、碑志	铭文砖长短不一：37~40×16~18×4.5~6		
无	青瓷唾壶、盆、钵及滑石猪、羊和铭文砖	不详		
"太元十三年"铭文砖	滑石猪	铭文砖：34.5×16.5×？		钱墉《苏州市五龙山发现晋代墓葬》，《文物》1959 年第 2 期
无	青瓷虎子、盘口壶、四系罐等	铺地砖：30×14×5	两侧墓壁外弧	徐亦鹏、钱公麟《苏州考古》，苏州大学出版社，2000 年
无	青瓷碗、钵及铜镜	不详		
建元二年	青瓷唾壶、圆形虎子	不详		

地点	墓号	形制	墓向	尺寸	墓顶结构	石质材料	墓主	时代
马墩东晋墓	无	不详	不详	不详	不详	不详	不详	东晋
常熟福山南沙村东晋墓	无	不详	不详	不详	不详	不详	不详	东晋
常熟福山苏桥村东晋墓	无	不详	不详	不详	不详	不详	不详	东晋
苏州钟表材料二厂东晋墓	无	单室带甬道	180°	甬道长 7.64、宽 1.3 米，墓室长 6.1、宽 3.6 米	不详	不详	不详	东晋
东渚宝山东晋墓	无	"凸"字形单室	南北向	总内长 6.66 米，墓室南北长 4.45、东西宽 4.42、高约 4 米	穹隆顶	不详	顾楮	东晋
虎丘宋家坟六朝墓	M39	长方形单室	175°	长 3.7、宽 2.2、残深 0.46 米	不详	无	不详	六朝
	M37	长方形单室	约 175°	略大于宋家坟 M39	不详	无	不详	六朝
齐门城墙六朝墓	无	单室	南偏东	宽 1.5、高 1.3 米	券顶	无	不详	六朝
张家港河阳山南朝墓	M1	船形单室	178°	全长 4.96 米	券顶	无	不详	南朝
大龙港遗址六朝墓	M2	"凸"字形单室	正北	南北长 6.2、东西宽 3.1、残深 0.2 米	不详	不详	不详	六朝

注：无纪年材料墓葬年代从考古发掘报告和材料出处判断。

续附表

纪年材料	主要随葬器物	砖的尺寸（厘米）	备注	材料出处
无	青瓷俑、茧形虎子、八足砚等	不详		徐亦鹏、钱公麟《苏州考古》，苏州大学出版社，2000 年
无	青瓷鸡首壶、四系罐等	不详		
无	青瓷鸡首壶、四系罐及酱釉水盂等	不详		
无	青瓷钵、盘口壶	不详	甬道 7.64 米可能有误	
无	青瓷盘口壶、羊尊、香薰、兽足砚及滑石猪、玉印、铜印	不详	出土"一尺六寸"铭文砖。同区还有一些小型船形墓	江苏吴县文管会《东晋顾褚墓在吴县出土》，《东南文化》1991 年第 6 期；《东渚镇志》编纂委员会编《东渚镇志》，上海辞书出版社，2007 年
无	瓷珠、陶罐、铜钵、铁削等	约 33×16× ？		张铁军《关于苏州高台汉墓的思考——以虎丘宋家坟为例》，《江苏省考古学会文集（2015~2016）》，上海古籍出版社，2018 年
无	不详	不详		
无	青瓷罐、唾盂、钵、器盖及铜镜、五铢钱	不详		王德庆《苏州城墙中发现砖室墓》，《文物》1960 年第 7 期
无	青瓷碗、盏、钵、碟、盂及五铢钱等	长方形砖：30×15×5　楔形砖：30×15（10）×4.5		张家港市文物管理委员会《张家港港口河阳山南朝墓清理简报》，《东南文化》1993 年第 5 期
无	青瓷砚、罐、壶	不详		苏州市考古研究所《2019 年苏州考古工作年报》，2019 年

附录二

苏州黑松林出土孙吴石屏风画臆释

程 义（苏州博物馆）

1997 年 5 月，原苏州博物馆考古部在苏州虎丘黑松林抢救性发掘了三国时期孙吴墓葬五座。在主墓 M4 中出土两套石屏风，屏风两面均有石刻线画。其中一块石屏风保存相对完好，是该时期石刻文物中的精品。此石刻出土后就一直存放在苏州博物馆库房内，未能发表和研究，最近在清理库房时才得以仔细观察。这块屏风出土时立置，背面画像已经漫漶不清。因为三国绘画，特别是孙吴绘画材料极其匮乏[1]，所以这块石屏风就显得异常珍贵。

这块石屏风纵 73、横 71、厚 5.5 厘米，一面保存良好，画面以阴刻线条描绘人物与纹饰，另一面也有阴刻人物图像，但已漫漶不清。屏风左右及上部边沿饰以云气纹，画面分上、中、下三层，每层间以帷幔分开，由下至上刻画如下。下层：由右至左为三人一山，分别为右侧一人，头戴平巾帻，身着交领长袍，疑似右手持戟；带剑者两人，头戴无帻之冠，右二佩剑于右侧，右三佩剑于左侧，身背包袱，两人作奔跑状；远山一座，呈"工"字形，曲径通幽，云雾缭绕，山峰高耸入云，接入中层。但山和人物比例悬殊，人比山还显得大一些。中层：由左至右共四人，左二似乎为主要人物，身着交领长袍，推测为女性，双手自然伸

---

〔1〕 郑岩《考古发现的三国绘画》，《从考古学到美术史：郑岩自选集》，上海人民出版社，2012 年。

展作讲话状，其余三人或拱手，或呈凝神倾听状，皆朝向左二；最左侧描绘长方形柱状物，接通上层。上层：由左至右亦四人，左一佩剑于右侧，推测为侍卫，惜面部漫漶不清，似乎面朝右；左二佩剑于左，居画面中间，推测为该层主要人物，双手平推，表情威武，器宇轩昂，与右侧二人交谈；右侧二人装束和下层中间二人相同，但未佩剑（图一）。

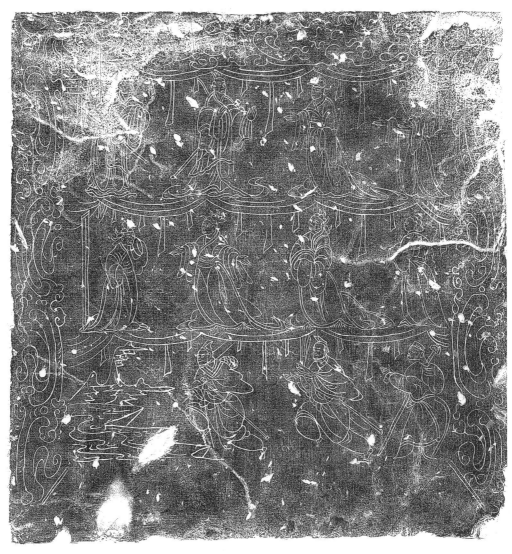

图一　黑松林 M4 出土石屏风拓片

为了整理当年的考古资料并撰写相应的发掘报告，我们组织了一次研讨会，会后由姚晨辰在《中国文物报》上将该屏风图像进行了披露，他认为"这类呈'工'字形的远山，天柱稍简略，曲径通天，为描绘西南方昆仑仙山的典型形象，石屏风中位于仙山之上的人物形象有西王母或东王公或周穆王等，这也与屏风边沿的云气纹完美地统一起来，这件屏风可能生动地描绘了一幅仙境中的人物故事画"[1]。

通过观察和分析，我们认为这个图像中既没有西王母的龙虎座，头部也没有戴胜，并且女性位于中层，这不符合西王母的身份。从东汉末年西王母东王公镜上的图像来看，这个解释并不很贴切，人物和故事情节难以对应起来。

为此，经过进一步推敲，我们认为这是一幅历史鉴戒图，其画像内容应该是吴王夫差和越王勾践的故事。试将我们的理解分析如下，以作抛砖引玉之用，并请各位专家批评指正。

一　没有榜题：内容与格套

人们在研读各类视觉材料时，经常会遇到一些没有题目的作品，但这并不影响大家对画面的解读。与之相反，读者很容易判断出画面内容的主题，比如中国画里常见的岁寒三友、携琴访友、四季山水。我们之所以能够不通过文字就可以判断这些视觉材料的内容，是因为这些内容已经形成一种定式，即所谓的画式或格套。邢义田注意到："汉代画像不论石刻或壁画常见标示画像内容的榜题。也有些石刻预留了榜题的位置，实际并未刻字。为什么画像有些有榜题，有些没有？一个尝试性的解释是，因为汉代的画像有一定的格套，不同的内容会依一定的格式化呈现，因此只要熟悉这些格套，不需要文字榜题的帮助，就能够了解画像的内容，大家熟悉的，就较不需要榜题……凡是较不熟悉，或不以榜题帮助，

────────────────

〔1〕　姚晨辰《苏州黑松林出土三国时期石屏风》，《中国文物报》2020年1月17日。

无法明确传达画像特定意义的，就必须标以文字，加强说明。因此，格套式的画像，如不加榜题，所要传达的应该是当时一般人所共同理解的意思……可是千百年后，我们已经不熟悉汉代家喻户晓的'热门故事'和'热门人物'。"[1]

邢义田的研究我们认为是恰当的，也是合理的。那么我们要研究没有榜题的画像时，首先要解决的问题是这是什么"格套"，换言之，这是当时哪种流行的图式？

因为这幅石刻画是一个随葬的背屏，所以它的内容我们需要朝两个方向去考虑——丧葬和实用。它既可能是专门为丧葬而制作的一件随葬品，也有可能是模仿现实生活而做的一件复制品或缩小版模型。通过对其体量的考察，我们更倾向于这是一件模仿现实生活的背屏。也即是说，这个画屏是死者生前起居中的一件家具。对于画屏的功用，巫鸿认为"可以把屏风当作一件实物，一种绘画媒材，一个绘画图像，或者三者兼具"[2]。因为这个屏风是和石案、石几成套出土的，所以它显然是三者兼备的。

二　可能的题材

因为没有榜题，所以我们无法确知画像的内容。但是我们可以根据东汉三国时期的画像石内容对其进行考察。汉代绘画内容除了大量的装饰性图案外，通常包括道德宣传和神仙信仰两大类。道德宣传关注现实世界，神仙信仰关注未来世界。这两类图像既是实用建筑的装饰内容，也是丧葬艺术的主角。巫鸿曾经指出，正面和侧面像的区别在于，一个是崇拜的偶像，一个是故事的人物。与之相对应的，偶像型要和观者发生联系组成一个崇拜和被崇拜的关系，而侧面像人物总是沿着画面向左或右行进。一幅图中的人物都是互相关联的，他们的姿态

〔1〕　邢义田《汉代画像内容与榜题的关系》，《画为心声：画像石、画像砖与壁画》，中华书局，2011年。
〔2〕　[美]巫鸿著、文丹译、黄小峰校《重屏：中国绘画的媒材和表现》，第1页，上海人民出版社，2009年。

具有动势，并表现出了彼此之间的呼应关系[1]。这幅屏风画，所有的人物都是侧身像。如前所述，我们看到的是一个具有明显故事情节的内容，并且和已知的汉代画像石内容很难对应，和当时流行的以东王公、西王母为主的神像世界更难对应。因此，我们认为这可能是一幅用于道德宣传的故事画。因为这是死者生前每天要面对的一幅画，画面以训诫为主也颇符合屏风的功能。"图像之设，以昭劝诫"，汉代以来，视觉艺术中出现了大量的历史故事、烈女义士之类的内容，正是这一社会风尚的反映。

《历代名画记·叙画之源流》载："曹植有言曰：观画者见三皇五帝，莫不仰戴；见三季异主，莫不悲惋；见篡臣贼嗣，莫不切齿；见高节妙士，莫不忘食；见忠臣死难，莫不抗节；见放臣逐子，莫不叹息；见淫夫妒妇，莫不侧目；见令妃顺后，莫不嘉贵。是知存乎鉴戒者，图画也。昔夏之衰也，桀为暴乱，太史终抱画以奔商。殷之亡也，纣为淫虐，内史挚载图而归周。燕丹请献，秦皇不疑；萧何先收，沛公乃王。图画者有国之鸿宝，理乱之纪纲。是以汉明宫殿，赞兹粉绘之功；蜀郡学堂，义存劝戒之道。马后女子，尚愿戴君于唐尧；石勒羯胡，犹观自古之忠孝。岂同博奕用心，自是名教乐事。余尝恨王充之不知言，云：人观图画上所画古人也，视画古人如视死人，见其面而不若观其言行。古贤之道，竹帛之所载灿然矣，岂徒墙壁之画哉！余以此等之论，与夫大笑其道，诟病其儒，以食与耳，对牛鼓簧，又何异哉！"[2]唐代张彦远不厌其烦地引用前人论断，旨在说明古代绘画和训诫关系密切，并不是简单的图像而已。但是训诫的内容非常多，三皇五帝，节妇烈女，高节妙士……纷繁复杂。如果要判断这幅石刻线画的内容，当时的社会环境和社会风尚无疑是重要的参考体系和线索。

〔1〕 [美]巫鸿著，柳扬、岑河译《武梁祠——中国古代画像艺术的思想性》，第149、150页，生活·读书·新知三联书店，2006年。
〔2〕 （唐）张彦远《历代名画记》，第3、4页，浙江人民美术出版社，2011年。

三　孙吴政权的社会环境：危机与教训

这座墓的时代，我们根据墓葬形制和器物特征已经可以确定属于孙吴时期，那么我们需要考虑的社会环境也和孙吴政权相关。孙吴政权是东汉末年兴起的一个地方政权，和北方曹魏政权不同的是，孙吴是由北方大族迁入江东而建立的一个割据政权。因此，孙吴统治集团面临的压力一方面来自北方的曹魏，另一方面来自江东当地。孙吴经过赤壁之战后，逐渐形成了魏、蜀、吴三国鼎立的局面，但是曹魏对江东集团的压力一直存在。此外，作为一个外来的军政集团，如何笼络和驾驭本地的旧族和新加入的山越势力，也是摆在孙吴集团面前的一个现实问题。所以说，孙吴政权一直存在内外两种压力，一旦处理不好，随时都有亡国的可能。面临如此压力，孙吴君臣必需也必定在寻找历史的经验和教训。身处吴越旧地的孙吴政权，最直接也最广为流传的历史教训莫过于夫差勾践的故事。夫差与勾践故事的梗概大致是：吴大败越国，越国臣服，夫差穷兵黩武，勾践卧薪尝胆、励精图治，最终"三千越甲终吞吴"。这个胜败转换的故事对孙吴政权有着非常现实的警示意义。赤壁之战，取得暂时的胜利（吴败越），如果不励精图治，即有可能发生翻转被曹魏灭亡（越灭吴）。

曹魏的压力人所共知，不需多言。江东土著山越和孙吴的关系更是令孙吴高层人士惴惴不安[1]。山越在史书中又被称为"山民""山寇""山夷""山贼""越贼"，山越是最常见的称呼。依胡三省的解释，"山越本亦越人，依阻山险，不纳王租，故曰山越"（《通鉴》卷五六"汉灵帝建宁二年"条）。这些人从战国末年一直到唐初，出没山林，叛服无常，和政府关系摇摆不定。如陈寿所言："山

〔1〕　吕锡生《山越在东吴立国中的作用》，《浙江师范学院学报》（社会科学版）1984年第3期；张崇根《三国孙吴境内的少数民族：山越》，《历史教学》1982年第10期；安般《山越盛衰浅析》，《中央民族大学学报》（社会科学版）1999年第4期。

越好为叛乱，难安易动，是以孙权不遑外御，卑词魏氏。"[1]山越不但难以控御，而且作为孙吴敌对势力的曹魏政权并没有忽视这股势力的存在，进入3世纪以后，曹操经常企图与山越接触[2]，试图利用山越牵制孙吴。这一局面也和吴、越、楚三国之争颇为近似。孙吴政权以"吴"为国名，而山越确是"越"之余续[3]，因此山越的叛服和春秋末年吴越之争的局面颇有类似之处。

孙策去世之际对张昭等言："夫以吴、越之众，三江之固，足以观成败。"[4]陈寿认为孙权的行为与勾践极其相似——"屈身忍辱，任才尚计，有勾践之奇英，人之杰矣"[5]。这些都说明，魏晋时期，吴越史事对江东人影响之深刻。面临内外双重压力的孙吴政权，在政治宣传和训诫方面，吴越旧事无疑是最经典的，也是最容易流传的内容之一。因此，以吴王夫差和勾践的故事作为案例是顺理成章的选择。

四　勾践灭吴的流行与演绎

春秋吴越之争的梗概是：起初吴王夫差打败越国，接着剧情发生翻转，越最终灭吴。这是非常著名的历史事件，在战国时期就已经作为历史教训出现在文献里，甚至在北方蛮夷之国中山国的青铜器铭文里也出现了。这段历史我们目前最熟悉的剧情是：吴王夫差打败越王勾践，伯嚭接受越国的贿赂，越王勾践奉上西施、郑旦两个美女，吴王夫差就接受了越王勾践求和的要求。在这个过程中，伍子胥极力反对，但夫差听信谗言接受了求和。夫差进一步骄奢淫逸，穷兵黩武，赐死伍子胥。而越王勾践励精图治，最终战败夫差，逼迫夫差自杀。

---

〔1〕《三国志》卷六〇《钟离牧传》，第1395页，中华书局，1959年。

〔2〕[日]关尾史郎《曹魏政权与山越》，《文史哲》1993年第3期。

〔3〕唐长孺《孙吴建国及汉末江南的宗部与山越》，《魏晋南北朝史论丛》，中华书局，2011年。

〔4〕《三国志》卷四六《孙策传》，第1109页，中华书局，1959年。

〔5〕《三国志》卷四七《吴主传》，第1149页，中华书局，1959年。

如果我们将先秦文献和汉魏六朝文献进行比较，就会发现这个故事是可能层累地形成的，特别是西施、郑旦二美女和伍子胥力谏这个情节的加入很具有代表性。如果清华简《越公其事》记载可信的话，那么从《史记》以来，对这一事件的记载就已经开始文学化。学界对此已有深入的研究，一般分为历史叙述和文学演绎两类。为进一步说明问题，我们将两类文本排比如下。

　　第一类以《左传》《史记》为历史叙述代表，《国语》略加修饰。

　　《左传》："吴将伐齐，越子率其众以朝焉，王及列士皆有馈赂。吴人皆喜，唯子胥惧，曰：'是豢吴也夫！'……反役，王闻之，使赐之属镂以死。"[1]

　　《史记》："越王勾践率其众以朝吴，厚献遗之，吴王喜。唯子胥惧，曰：'是弃吴也。'……吴王闻之，大怒，赐子胥属镂之剑以死。"[2]

　　《国语》之《越语第二十》："'……愿以金玉、子女赂君之辱，请勾践女女于王，大夫女女于大夫，士女女于士。越国之宝器毕从，寡君帅越国之众，以从君之师徒，唯君左右之。'……夫差将欲听与之成……越人饰美女八人，纳之太宰嚭，曰：'子苟赦越国之罪，又有美于此者将进之。'太宰嚭谏曰：'嚭闻古之伐国者，服之而已。今已服矣，又何求焉！'夫差与之成而去之。"[3]

　　清华简《越公其事》："……赶登于会稽之山，乃使大夫住（种）行成于吴师……吴王闻越使之柔以刚也，思道路之修险，乃惧，告申胥曰：'孤其许之成。'申胥曰：'王其勿许。天不仍赐吴于越邦之利，且彼既大北于平蓬，以溃去其邦，君臣父子未相得，今越公其胡又带甲八千以敦刃皆死？'吴王曰：'大夫其良图此……今我道路修险，天命反侧。岂庸可知自得？吾始践越地以至于今，凡吴之善士将中半死矣。今彼新去其邦而笃，毋乃豕斗，吾于胡取八千人以会彼

〔1〕　杨伯峻《春秋左传注》，第1858、1859页，中华书局，2016年。
〔2〕　《史记》卷三一《吴太伯世家第一》，第1472页，中华书局，1959年。
〔3〕　徐元诰撰，王树民、沈长云点校《国语集解》，第568、569页，中华书局，2002年。

死？'申胥乃惧，许诺。吴王乃出，亲见使者……使者返命越王，乃盟，男女服，师乃还。"[1]

第二类以《越绝书》《吴越春秋》为文学演绎代表。

《越绝书》："越（王）乃饰美女西施、郑旦，使大夫种献之于吴王，曰：'昔者，越王勾践窃有天之遗西施、郑旦，越邦泞下贫穷，不敢当，使下臣种再拜献之大王。'吴王大悦。申胥谏曰："不可……"吴王不听，遂受其女，以申胥为不忠而杀之。"[2]

《吴越春秋》："十二年，越王谓大夫种曰：'孤闻吴王淫而好色，惑乱沉湎，不领政事。因此而谋，可乎？'种曰：'可破。夫吴王淫而好色，宰嚭佞以曳心，往献美女，其必受之。惟王选择美女二人而进之。'越王曰：'善。'乃使相者国中，得苎萝山鬻薪之女曰西施、郑旦。饰以罗縠，教以容步，习于土城，临于都巷，三年学服而献于吴。乃使相国范蠡进曰：'越王勾践窃有二遗女，越国泞下困迫，不敢稽留，谨使臣蠡献之大王，不以鄙陋寝容，愿纳以供箕帚之用。'吴王大悦，曰：'越贡二女，乃勾践之尽忠于吴之证也。'子胥谏曰：'不可，王勿受也……'三月，吴王召越王入见，越王伏于前，范蠡立于后。"[3]

把上两类文献做一比较，显然文学演绎类的情节更为曲折，也更为丰满，这符合古史辨学派的所谓层累形成过程。在这个过程中，我们可以发现，在战国秦汉时期，二位越女并不是故事的主角，但到了东汉六朝时期，西施、郑旦开始成为这一故事的主角，并且将伍子胥力谏的情节具体化，在《左传》《史记》等历史文献里没有详细描写的情节和人物，这时都被刻画出来。文学演绎自然不是真正的历史，但是它有着非常强大的传播力和影响力，就像现在普通民众对三国

〔1〕 清华大学出土文献研究与保护中心《清华大学藏战国竹简（柒）》，第114~122页，中西书局，2017年。

〔2〕 李步嘉校释《越绝书校释》，第283页，武汉大学出版社，1992年。

〔3〕 （汉）赵晔撰、（元）徐天祐音注、苗麓校点、辛正审订《吴越春秋》，第143、144页，江苏古籍出版社，1999年。

史的认识，文学化的《三国演义》要比正史《三国志》广泛得多，而且也深信不疑，并对人们的道义观产生了巨大的影响，比如关公信仰。

《越绝书》和《吴越春秋》的作者及成书年代众说纷纭，但大致不出东汉晚期到六朝这一历史时期。东汉时期中原遭受了战乱和天灾的摧残，与之相反，江东开发开始加速，江东豪族开始崛起，这是江东产生记录本地历史的动力，《越绝书》《吴越春秋》的编撰正是这一需求的回应。由于《越绝书》《吴越春秋》结合汉代儒学精神，又将吴越先王先贤的事迹精心整合和演绎，以达到弘扬先王事迹、阐发兴亡成败之理的目的，相比艰涩的经传和正史，这种整合和演绎具有更强的民间性而得以广泛流传，并一直流传至今。因此，虽然史传比文学演绎更准确，但文学演绎更容易流传，也就更容易成为社会风尚和传统。

如前所述，文学演绎相对于史传，对这一历史场景的关注主要在于增加了更加引人入胜并广为流传的西施、郑旦二越女等情节。我们将这一场景做一简单描述：越王勾践和范蠡告别文种，带领二越女前往吴国投降，吴王夫差贪恋女色，准备接受，而忠臣伍子胥力谏不可，但吴王不听建议，并因此疏远逼杀伍子胥。吴王夫差因为贪恋女色，刚愎自用，不听伍子胥的建议，最后落得国破身亡的下场。这一历史场景涉的人物有：吴王夫差（昏庸好色）、伍子胥（忠臣）、越王勾践（忍辱负重）、范蠡（机智多谋）、西施和郑旦（女色）、文种（忠臣）。忠臣昏君、谋士女色，这是多么活生生、血淋淋的历史教训啊！比起史传的记载有趣生动多了！虽然带有更多的想象，但这丝毫不影响它的鉴戒效果，流传和影响力自然非同小可。

五　本图式的流传与人物比对

按照汉魏六朝时期广为流传的故事版本，我们很容易将画中人物和情节进行比对。首先引起我们注意的是上层右侧未带剑的二人和下层中间奔跑的二人。这两组人冠式、服饰基本一致，只是动作不一样，最明显的差别是上层不带剑。我们认为，这二人就是下层的二人跑到了目的地，然后去会见某人。而上层中间的那位人物显得器宇轩昂，正在和右侧二人交谈。上层最左侧的人物虽然有些漫漶，但有一个细节非常关键——他的剑柄朝向和其他三位佩剑人物均不一样，应该表达的是不一样的动作。这一画面使我想起了吴王镜[1]上忠臣伍子胥拔剑的动作（图二）。我们将上层四个人物从左往右分别确定为伍子胥、夫差、勾践和范蠡，那么整个画面的人物对应当如下：底层，右一为文种，二、三为勾践和范蠡；中层，右一为吴国内官，中间二人为西施、郑旦，左一为吴国内官。底层左侧的山是一个标识，既代表吴越之间的距离，也代表以此为界，分为两个场景：上两层为吴国境内，下层为越国境内。因此整个故事情节可以叙述为：下层，范

蠡、勾践告别文种，前往吴国投降；中层，西施、郑旦被贡献给吴国后宫；上层，吴王夫差接受越国美女和投降，伍子胥坚决不同意。在铜镜图案中甚至有拔剑自杀的动作。拔剑的动作显然是虚构，在吴王面前，即使再怎么强烈的抗议，都不可能直接拔剑，以武力胁迫国王或自杀。但在汉魏时期，为

图二　上海博物馆藏铜吴王镜拓片

〔1〕　此类铜镜多发现于江浙地区，如上海博物馆《炼形神冶　莹质良工——上海博物馆藏镜精品》中的第51、52号（上海书画出版社，2005年），原定名为伍子胥镜，不确；另如王士伦编、王牧修订《浙江出土铜镜》中的图版第25、26号（文物出版社，2006年）。

了增加故事的情节性和对抗性，这个情节确实是这一视觉图像的重要内容之一。中层的四位女性可能有些难以理解，但在襄阳擂鼓台一号汉墓的漆奁上即有西施、郑旦的故事。据张瀚墨研究，器底一组被标记为图像F的画面就是包括西施、郑旦在内的四位[1]。因为漆奁和铜镜都是圆形的，和屏风的形状不一样，所以画师在构图和内容取舍方面做了调整，但这一故事的骨干情节依然清晰可见，非常难得。

六　结　论

黑松林三国墓地出土的石屏风线画的内容极有可能是孙吴时期非常流行的历史鉴戒画内容，其故事梗概来自当时高度文学化的春秋吴越历史的演绎。这幅石刻线画的内容虽然还不能最终确定，但其绘画技法，特别是流畅、刚劲的线条及人物姿态准确的刻画，都为我们认识孙吴绘画提供了非常关键的素材。

（本文原载《黄河·黄土·黄种人》2021年第8期，此处略作修改）

---

〔1〕　张瀚墨《襄阳擂鼓台一号墓出土漆奁绘画装饰解读》，《江汉考古》2017年第6期。

后 记

　　“虎丘黑松林”这名字咋一听有点恐怖，像是某个穿越剧的场景，让人觉得神秘和好奇。也确实是这样，当年因为发掘黑松林墓地时发生了一些意外，导致考古工作人员匆匆撤离，从此，这批珍贵的三国墓材料就被放在苏州博物馆的某个角落里，无暇整理。直到 2010 年前后，苏州博物馆要设置馆级科研项目，保管部姚晨辰以考古出土文物整理为题，申报了黑松林墓地考古资料整理项目，并初步理出了现存文物的数量和种类，也找到了一批石案、榻。考古人总是很好奇，此后我就一直想调查清楚黑松林墓地到底出土了些什么？墓葬形制是怎样的？当年的一位发掘者告诉我，当时他们发现有竹林七贤画像。如果有竹林七贤，又怎么可能是三国墓呢？我反问他！他一再强调确实有带人物画像的石板，并且有壁画。如此肯定，我想不会是空穴来风，至少有画像石。老先生甚至建议我到黑松林附近去走访，看看是不是当时没运回来，被当地居民收捡走了。我也有过这样的念头，但是在地图上一查，那里已是一片高楼，这样的东西恐怕即便当年被捡拾，现在也已难觅踪迹。

　　不觉时间就到了 2019 年前后，苏州博物馆西馆即将建设，需要给西馆基本陈列配备展品，我觉得如果能把当年的画像石找见，那必是一件很棒的展品。为此，我和苏州博物馆保管部同仁午后有空就到石刻堆放区一块块地核查，但

很遗憾一无所获，令人沮丧不已。这事也就只好作罢了，但一块画像石总在我脑海里隐隐浮现。直到有一天，另一位发掘者王学雷告诉我，他要参加浙江大学博物馆的一个拓片题跋展，他提供的展品就是黑松林墓地的画像石拓片及华人德先生的题跋。随即他发来了图版和拓片尺寸，我想按照尺寸去找石板也许会容易些，并和他约定，在我们没有找到原石前，最好不要发表。我一再和学雷兄确认，这块画像石是否运回馆里。他说他是在忠王府里打的拓片，所以绝对运回来了，并且有两块，其中一块碎成了几片。既然他如此笃定，那就一定还在馆里。我让保管部同仁注意，一定要找到这个"宝贝"，南方画像石实在太罕见了！功夫不负有心人，有一天保管部同仁告诉我，在一堆文物里发现了几块凤凰纪年砖，下面有一些石板。我立即赶到现场，当大家小心翼翼地把上面的虚土清理干净后，一幅人物画像石清晰地展现在面前——这就是我们寻寻觅觅了十年之久的黑松林画像石！

因为这是一块三国孙吴时期的画像石，尺幅巨大，技法纯熟，线条精炼，是孙吴绘画的代表作，苏州博物馆立即利用《画屏》大展的机会，召开了一次研讨会，并在那次会议上正式向外公布了黑松林石屏风线刻画的图版和拓片。与会学者一致认为，这是非常难得的孙吴绘画作品，但是其他信息仍然没有披露，殊觉遗憾。在苏州博物馆和苏州市考古研究所的共同努力下，迅速达成了合作出版黑松林考古报告的协议。根据分工，苏州博物馆负责文物部分，苏州市考古研究所负责线图和照片部分。在报告撰写过程中，原发掘者钱公麟、丁金龙、王学雷提供了很多信息，苏州博物馆新入职的两位研究生刘彬彬、杜超一鼓作气完成了文物部分的测量、拍照和绘图，考古所何文竞执笔撰写出了报告的初稿。

在报告即将出版之际，我忽然觉得如果让书法家也是当年的发掘者王学雷题写书名，也许是一本最独特的考古报告吧！随即将此想法告诉学雷兄，他欣然响应，并用章草撰写了书名题签。

　　至此，这批发掘资料经过"库房考古"，即将完整地呈现给大家，作为倡导者之一，再次感谢各位对苏州文物考古事业的大力支持，我们也将继续努力，不辜负大家的期待和厚望。

编　者

2022 年 8 月酷暑于文起堂

彩版

1. 发掘现场（由南向北摄）

2. 发掘现场（由东向西摄）

彩版一　黑松林墓地全景

1. 土墩封土局部

2. 97M4 封土发掘情况

彩版二　黑松林墓地封土

1. 97M3 发掘现场

2. 97M4 发掘现场

彩版三　黑松林墓地发掘现场

1. 发掘情况

2. 陶罐（97M5：1）

彩版四　97M5 发掘情况及出土器物

1. 墓葬全景（由西向东摄）

2. 墓门及前室（由南向北摄）

彩版五　97M3 发掘前情况

1. 前室顶部南侧盗洞（由南向北摄）

2. 墓室揭顶后情况（由西向东摄）

彩版六　97M3 发掘情况

1. 墓门前铺砖（由南向北摄）

2. 墓门清理后（由南向北摄）

彩版七　97M3 墓门

1. 前室南壁甬道口封砖（由北向南摄）   2. 前室北壁（由南向北摄）

3. 前室底部（上为南）

彩版八　97M3 前室内部

1. 顶面（由西向东摄）

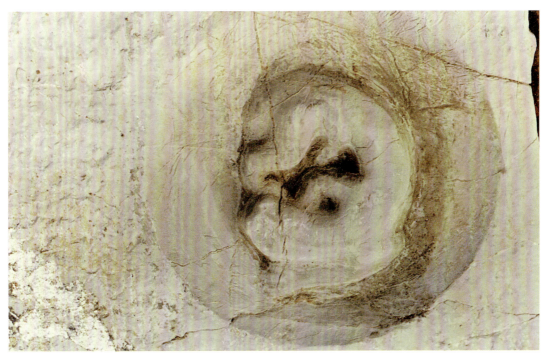

2. 底面浅浮雕伏兽

彩版九　97M3 前室顶部盖顶石

1.砖榻榻面（由南向北摄）

2.砖榻榻足（由东南向西北摄）

3.近甬道处底部填土中发现的漆皮痕迹

彩版一〇　97M3 前室砖榻及近甬道处底部漆皮痕迹

1. 后室盖顶石

2. 后室东壁壁龛

彩版一一　97M3 后室发掘情况

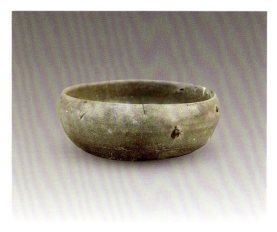

1. 盏（97M3∶1）

2. 盏（97M3∶1）内底

3. 洗（97M3∶2）

4. 洗（97M3∶3）

5. 瓮（97M3∶4）

彩版一二　97M3 出土青瓷器

1. 97M3：11

2. 97M3：12

彩版一三　97M3 出土陶案

1. 鎏金铜片（97M3：5）

2. 铜钱（97M3：6）

3. 铜钱（97M3：9）

4. 铜钱（97M3：10）

彩版一四　97M3 出土器物

1. 墓门及前室（由南向北摄）

2. 前室及后室（由东北向西南摄）

彩版一五　97M4 与 97M3 全景

1. 墓门及其内封门（由南向北摄）

2. 墓门及其内石门（由南向北摄）

3. 墓门顶部

彩版一六　97M4 墓门

1. 前室东壁（由东向西摄）

2. 前室东壁及东后室东壁（由东南向西北摄）

彩版一七　97M4 前室外部

1. 东壁壁面白灰痕迹（由西向东摄）

2. 南壁甬道口封砖（由北向南摄）

彩版一八　97M4 前室内部

1. 北壁西部

2. 北壁西端石框

3. 北壁西端石框内棂窗

彩版一九　97M4 前室北壁

1. 云气纹 2. 云气纹

3. 人 物

彩版二〇 97M4 前室北壁石框线刻图案

1. 东北角石榻、石案分布情况

2. 北部及西部石榻、石案等分布情况

彩版二一　97M4 前室内部

1. 北壁（由西北向东南摄）

2. 顶部（由南向北摄）

彩版二二　97M4 后室外部

1. 东后室南壁

2. 西后室南壁

3. 后室北壁

4. 后室底部淤土

彩版二三　97M4 后室内部

1. 双耳罐（97M4：3）

2. 罐（97M4：4）

3. 碗（97M4：7）

4. 碗（97M4：8）

彩版二四　97M4 出土青瓷器

1. 陶案（97M4：1）

2. 陶钵（97M4：2）

3. 铜带钩（97M4：5）

4. 铜器残件（97M4：19）

彩版二五　97M4 出土陶、铜器

1. 97M4：10

2. 97M4：12

3. 97M4：14

4. 97M4：15

5. 97M4：17

彩版二六　97M4 出土铜钱

1. 铜钱（97M4：18）

2. 金箔（97M4：16）

3. 铁器（97M4：9）

4. 骨簪（97M4：6）

彩版二七　97M4 出土器物

1. 石屏（97M4：Ⅰ）出土情况

2. 兽形石座（97M4：Ⅲ）正面

3. 兽形石座（97M4：Ⅲ）侧面

彩版二八　97M4 出土石构件

1. 97M4：Ⅳ

2. 97M4：Ⅴ

3. 97M4：Ⅵ

彩版二九　97M4 出土兽形石座

1. U 形石座（97M4：Ⅶ）

2. U 形石座（97M4：Ⅷ）

3. 手印砖（97M4：Ⅸ）

4. 手印砖（97M4：Ⅹ）

彩版三〇　97M4 出土砖石构件

1. 石榻（97M4：Ⅺ）出土情况

2. 石案（97M4：Ⅻ）出土情况

彩版三一　97M4 出土石案榻

1. 前室北壁石框顶部中间条石所刻人物

2. 前室北壁石框第三根立柱所刻云气纹

彩版三二　97M4 画像石拓片

1. 墓葬全景（由西向东摄）

2. 墓顶（由北向南摄）

彩版三三　97M6 发掘前情况

1. 墓门（由东向西摄）

2. 南耳室外部（由南向北摄）

彩版三四　97M6 发掘前情况

1. 墓门侧面（由南向北摄）

2. 墓门券顶（由东向西摄）

3. 墓门前乱砖堆积（由北向南摄）

彩版三五　97M6 墓门

1. 墓葬全景（由北向南摄）

2. 墓室（由北向南摄）

彩版三六　97M6 揭顶后发掘情况

1. 顶面（上为北）

2. 侧面（由南向北摄）

彩版三七　97M6 墓室内砖榻

1. 铜盖鼎（97M6：1）

2. 釉陶钵（97M6：3）

3. 釉陶灶（97M6：2）

4. 鎏金五铢钱（97M6：5）

彩版三八　97M6出土器物

1. 墓葬全景（由西向东摄）

2. 墓室（由北向南摄）

彩版三九　97M7 发掘情况

1. 墓葬外部（由东南向西北摄）

2. 南耳室外部（由南向北摄）

彩版四〇　97M7 发掘情况

1. 墓室内砖榻

2. 陶耳杯（97M7∶1）

3. 铜钱（97M7∶2）

彩版四一　97M7墓室内砖榻及出土器物

1. 97M8 全景（由南向北摄）

2. 97M9 全景（由东北向西南摄）

彩版四二　97M8、97M9 发掘情况

1. 墓葬全景（由西南向东北摄）

2. 墓葬全景（由西向东摄）

彩版四三　97M2 发掘前情况

1. 顶面（由东向西摄）

2. 侧面（由东南向西北摄）

彩版四四　97M2 墓顶石盖板

1. 墓葬全景（由西南向东北摄）

2. 墓室（由东北向西南摄）

彩版四五　97M2 揭顶后发掘情况

1. 北墓室东壁

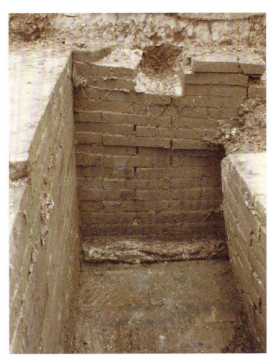

2. 南墓室东壁

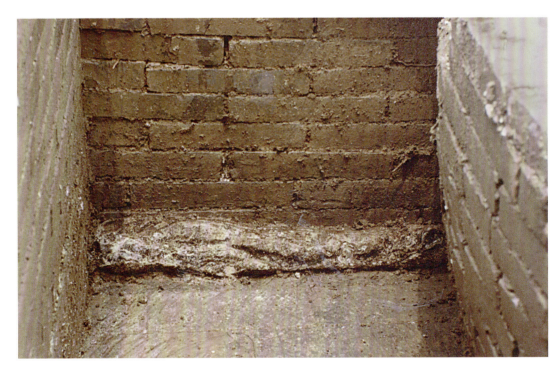

3. 南墓室东壁底部

彩版四六　97M2 墓室

1. 側　面

2. 内底及盖内

彩版四七　97M2 出土白瓷粉盒（97M2∶1）

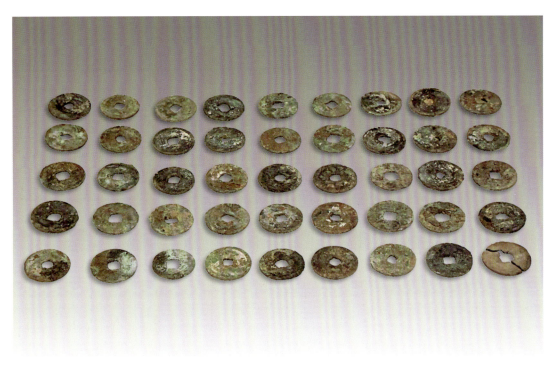

1. 97M2：2

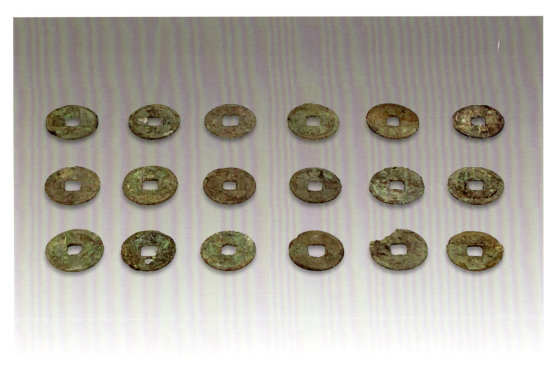

2. 97M2：3

彩版四八　97M2 出土铜钱